THE
BLUE PLANET
DENMARK'S NATIONAL
AQUARIUM

Published by ORO Editions

PUBLISHERS OF ARCHITECTURE, ART, AND DESIGN

Gordon Goff: Publisher

www.oroeditions.com / info@oroeditions.com

Copyright © 2013 by ORO Editions

ISBN: 978-1-941806-10-4

10 9 8 7 6 5 4 3 2 1 First Edition

~~~~~~~

Book design by Pablo Mandel.
www.circularstudio.com

Typeset in Academy Sans and Academy Stencil.

Color Separations and Printing: ORO Group Ltd.
Usana Shadday: Production manager
Printed in China.

~~~~~~~

This book was printed and bound using a variety of sustainable manufacturing processes and materials including soy-based inks, acqueous-based varnish, VOC- and formaldehyde-free glues, and phthalate-free laminations. The text is printed using offset sheetfed lithographic printing process in 4 color on 157gsm premium matt art paper with an off-line gloss acqueous spot varnish applied to all photographs.

ORO editions makes a continuous effort to minimize the overall carbon footprint of its publications. As part of this goal, ORO editions, in association with Global ReLeaf, arranges to plant trees to replace those used in the manufacturing of the paper produced for its books. Global ReLeaf is an international campaign run by American Forests, one of the world's oldest nonprofit conservation organizations. Global ReLeaf is American Forests' education and action program that helps individuals, organizations, agencies, and corporations improve the local and global environment by planting and caring for trees.

Library of Congress data: Available upon request

~~~~~

For information on our distribution, please visit our website
www.oroeditions.com

THE
BLUE PLANET
DENMARK'S
NATIONAL AQUARIUM

Tekst *Text*   Christian Bundegaard
Forord *Foreword*   Flemming Borreskov
Introduktion *Introduction*   Kim Herforth Nielsen
Fotografi *Photography*   Adam Mørk

ORO
EDITIONS

"LANGT UDE I HAVET er vandet så blåt, som bladene på den dejligste korn-blomst og så klart, som det reneste glas, men det er meget dybt, dybere end noget ankertov når, mange kirketårne måtte stilles ovenpå hin-anden, for at række fra bunden op over vandet. Dernede bor havfolkene.

Nu må man slet ikke tro, at der kun er den nøgne hvide sandbund; nej, der vokser de forunderligste træer og planter, som er så smidige i stilk og blade, at de ved den mindste bevægelse af vandet rør sig, ligesom de var levende. Alle fiskene, små og store, smutter imellem grenene, ligesom heroppe fuglene i luften.

På det allerdybeste sted ligger havkon-gens slot, murene er af koraller og de lange spidse vinduer af det allerklareste rav, men taget er muslingeskaller, der åbner og lukker sig, eftersom vandet går; det ser dejligt ud; thi i hver ligger strålende perler, een eneste ville være stor stads i en dronnings krone".

—H.C. Andersen, Den Lille Havfrue

"FAR OUT IN THE OCEAN the water is as blue as the petals of the loveliest corn-flower, and as clear as the purest glass. But it is very deep too. It goes down deeper than any anchor rope will go, and many, many steeples would have to be stacked one on top of anoth-er to reach from the bottom to the surface of the sea. It is down there that the sea folk live.

Now don't suppose that there are only bare white sands at the bottom of the sea. No indeed! The most marvelous trees and flowers grow down there, with such pliant stalks and leaves that the least stir in the water makes them move about as though they were alive. All sorts of fish, large and small, dart among the branches, just as birds flit through the trees up here.

From the deepest spot in the ocean rises the palace of the sea king. Its walls are made of coral and its high pointed windows of the clearest amber, but the roof is made of mussel shells that open and shut with the tide. This is a wonderful sight to see, for every shell holds glistening pearls, any one of which would be the pride of a queen's crown."

—Hans Christian Andersen,
The Little Mermaid

Indhold

Contents

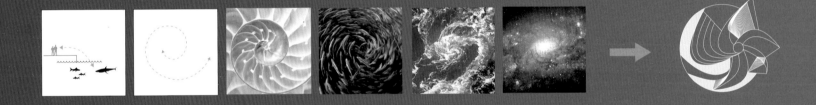

ARCHITECT 3XN TYPE OF BUILDING

FOUNDATION "DEN BLÅ PLANET

SIZE 10,000 M² ENGINEER MOE

DESIGN HENRIK JØRGENSEN LA

EXHIBITION DESIGN KVORNING

AQUARIUM CLIENT THE BUILDING LOCATION KASTRUP, DENMARK & BRØDSGAARD A/S LANDSCAPE NDSKAB STATUS OPENED 2013 DESIGN & KOMMUNIKATION

Forord: Danmarks nye akvarium
af Flemming Borreskov

Foreword: Denmark's new aquarium
by Flemming Borreskov

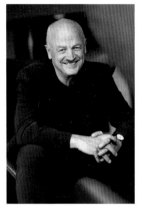

Flemming Borreskov er administrerende
direktør for Realdania

Flemming Borreskov is CEO
of Realdania

DANMARKS AKVARIUM er flyttet fra Charlottenlund til Amager Strand, og Den Blå Planet ligger nu som et arkitektonisk og ingeniørmæssigt fyrtårn på et enestående sted ved Øresunds kyst – lige midt i et af de travleste trafikknudepunkter i Skandinavien og Nordeuropa.

Realdania besluttede i 2007 at bidrage til byggeriet af et nyt Danmarks Akvarium. Ambitionen var at skabe en spektakulær og moderne kulturinstitution af internationalt arkitektonisk format. Et akvarium i verdensklasse og med appel til mange mennesker. Et sted, som bygger bro mellem naturvidenskab, kultur og arkitektur. En turistattraktion, som kan løfte Øresundsregionen som besøgsmål og være en ny driver og et markant vartegn for København.

3XN har som arkitekt og totalrådgiver skabt et unikt byggeri, som ikke kun danner rammen om store oplevelser, men som også er et byggeri, der i sig selv er en oplevelse.

Den Blå Planet er inspireret af naturens egne hvirvelformer. Af vandets, fiskestimers og fugleflokkes bevægelser. Ja, bygningen fortæller faktisk via sin egen form, hvilken verden, der venter de besøgende indenfor. Og med placeringen direkte ud til Øresund binder hvirvelformen land og hav sammen og trækker både naturen på stedet og de besøgende ind mod sig. Hvirvelstrømmen vokser nærmest ud af landskabet og trækker os ind i en anden verden – en verden under havets overflade.

Der er tale om et byggeri af høj kompleksitet, og det har krævet noget særligt af de udførende parter at udvikle og færdiggøre Den Blå Planet. På en gang er Den Blå Planet en bygning, som skal komme publikum i møde, og som skal fascinere.

WITH THE RELOCATION of the National Aquarium of Denmark from Charlottenlund Palace to Amager Strand, the new National Aquarium - The Blue Planet now stands as a beacon of architectural and engineering excellence at an outstanding location on the Øresund coast—at the epicenter of one of the busiest transport hubs in Scandinavia and Northern Europe.

In 2007, Realdania decided to co-fund construction of a new Danish national aquarium. The ambition was to create a spectacular, state-of-the-art cultural institution of international architectural standing; a world-class aquarium, and one with strong public appeal. It was to be an aquatic world bridging science, culture and architecture; a tourist attraction to boost the appeal of the Øresund Region as a visitor destination and a new catalyst and prominent landmark for Denmark's capital.

3XN, as the architects and project managers, has created a unique building, which not only showcases stunning exhibits, but is, in its own right, nothing short of an architectural sensation.

National Aquarium - The Blue Planet is inspired by nature's own vortex patterns; by the motion of water, schooling fish and flocking birds. In fact, the very design of the building conveys to visitors the world that awaits them within. And with its seafront location off the Øresund, this whirling design connects sea and shore, drawing into its own center both local natural features and visitors alike. The whirlpool seems almost to rise out of the landscape, spinning us into another world—a world beneath the ocean surface.

This is a building of great complexity, and the process of designing and finalizing it

Samtidig skal bygningen huse et økosystem for følsomme dyrearter. Derudover har placeringen ved kystlinjen også stillet nogle særlige krav til konstruktionen på grund af de bløde underlag, og selve facadesignet har også været en særlig udfordring ved projektet.

Med det flotte resultat, vi har nået, er jeg overbevist om, at Den Blå Planet vil indfri de ambitioner, som vi som sagt satte os til at begynde med: At skabe et enestående akvarium på et enestående sted til glæde for mange mennesker.

Akvariet forventes allerede at blive en af Danmarks fem største turistattraktioner med 700.000 besøgende hvert år. På Turismens Vækstkonference i 2012 blev Den Blå Planet kåret som Danmarks bedste fyrtårnsprojekt inden for turisme og oplevelsesøkonomi.

I den forbindelse vil jeg gerne også fremhæve det gode samarbejde mellem alle parter, der enten som udførende eller bidragsyder har været involveret i byggeriet. Det gælder Bygningsfonden Den Blå Planet, Danmarks Akvarium, Tårnby Kommune, 3XN, Moe & Brødsgaard, HJ Landskab, Kvorning design & kommunikation, MT Højgaard, Hoffmann, Kai Andersen, E. Pihl & Søn, AAT Advanced Aquarium Technologies samt Knud Højgaards Fond og Dronning Margrethes og Prins Henriks Fond.

Velkommen i Den Blå Planet og god fornøjelse i dens fantastiske verden!

called for an extraordinary effort from those involved. National Aquarium - The Blue Planet is a building designed to at once welcome and fascinate the public. At the same time, the building's purpose is to house an ecosystem for sensitive marine creatures. Furthermore, its coastal location has also placed a number of exacting demands on the structural design owing to the soft soil conditions, while the design of the façade posed its own challenge for the project.

In view of the impressive result now achieved, I am confident that National Aquarium - The Blue Planet will realize the ambitions we had at the outset: to create an outstanding aquarium in an outstanding location for the benefit of a great many people.

The aquarium is expected to become one of Denmark's five largest tourist attractions, with 700,000 visitors annually. At the Danish Tourism Growth Conference in 2012, National Aquarium - The Blue Planet was voted Denmark's best lighthouse project in tourism and the experience economy.

And with this in mind, I would also like to commend the excellent cooperation between all parties, both executive partners and donors, who were involved in the design and construction project. These are the Building Foundation Den Blå Planet, Danmarks Akvarium, Tårnby Municipality, 3XN, Moe & Brødsgaard, Henrik Jørgensen Landskab, Kvorning design & kommunikation, MT Højgaard, Hoffmann, Kai Andersen, E. Pihl & Søn and AAT Advanced Aquarium Technologies together with the non-profit foundations Knud Højgaards Fond and Dronning Margrethes og Prins Henriks Fond.

Welcome to National Aquarium - The Blue Planet. Happy exploring!

Introduktion
af Kim Herforth Nielsen

Introduction
by Kim Herforth Nielsen

Arkitekt Kim Herforth Nielsen er
partner og kreativ direktør i 3XN

Architect Kim Herforth Nielsen is
Partner and Creative Director at 3XN.

DER SKAL være en stærk idé bag udformningen at ethvert arkitektonisk projekt. Og er der i høj grad bag arkitekturen på Den Blå Planet. Med en placering lige ved havet og blot en kilometer fra Skandinaviens største lufthavn stod vi overfor at skulle tegne en bygning, som ville blive set både fra land, vand og luften, og som, uanset vinklen, skulle starte en fortælling om de fascinerende oplevelser, der ventede de besøgende indenfor.

Vi arbejdede i lang tid med at finde den rette idé til Den Blå Planet, men da hvirvelstrømmen kom på banen, vidste vi, at vi havde fat i noget interessant. Idéen om hvirvelstrømmen, udspringer af en fortælling om vand, og som billede er hvirvelstrømmen på samme tid både abstrakt og figurativ. Den vækker opmærksomhed med sine karakteristiske arme, men samtidig er den en bygning, som ændrer sig markant afhængig af vinkel, afstand og lysforhold. Fra luften er den en næsten helt hvid figur, som kan minde om en søstjerne. Når man står foran bygningen, kan dens organiske former ligne sølvgrå bølger eller et stort havdyr, og flere fortæller mig, at når de kommer helt tæt på bygningen, så minder facadens mønstre dem om fiskeskel. Det er en bygning, der giver plads til fortolkning, og derfor glæder det mig også, når folk kommer med deres egne bud på, hvad bygningen ligner mest. Arkitektur skal pirre vores fantasi, ikke fortælle os, hvad vi skal se.

Idéen om hvirvelstrømmen var dog ikke den rette alene pga. dens form. Formen løste nemlig en række af de konkrete udfordringer, som programmet bød på: Formen sikrer, at man forholdsvis let og uden at ødelægge bygningens helhed, kan forlænge en eller flere af hvirvelstrømmens arme, og derved

THE DESIGN of any architectural project relies on a strong underlying concept, and this is certainly the case for National Aquarium - The Blue Planet. With its seafront location, just a kilometer away from Scandinavia's largest airport, our project was to design a building that would be seen from land, water and air, and that regardless of viewing angle, was to engage the visitor in a narrative of the fascinating attractions awaiting within.

We devoted a great deal of time to coming up with the right concept for the project, and once the whirlpool image came to us, we knew we were onto something. The whirlpool concept originated in a narrative about water, and as an image, is at once both abstract and figurative. It stirs attention with its distinctive vortex blades, but at the same time, as a building, changes dramatically depending on viewing angle, distance and daylight conditions. From the air, almost entirely white, its contours are reminiscent of a starfish. From the front, the building's organic lines are evocative of silvery-grey waves or a vast sea creature, and quite a few people have said that on closer inspection, the façade patterning reminds them of fish scales. This is a building that invites interpretation, which is why I find it gratifying when people offer their personal take on what the building resembles. Architecture should stimulate our imagination, not dictate to us what we are seeing.

The whirlpool concept was chosen as ideal not only for its visual associations, but also because it resolved a number of practical challenges in the design brief: for instance, it ensures that one or more of the vortex members can be extended with relative ease and without disrupting the building's integrity

opnå mere plads. Hvirvelstrømmens centrum gav mulighed for en centralt placeret foyer, som fordeler de besøgende, så risikoen for kø mindskes. I designet af Den Blå Planet gik ligningen mellem idé, form og funktion gik op.

Men en god bygning kræver mere end den rette idé. En god bygning kræver en god bygherre. Og her taler den endelige bygning for sig selv. Den Blå Planet har haft en ambitiøs, modig og dygtig bygherre. Jeg vil gerne benytte denne lejlighed til at takke bidragsyderne Realdania, Knud Højgaards Fond, Tårnby Kommune og Dronning Margrethe og Prins Henriks Fond for deres tro på arkitekturen og for den velvilje og entusiasme, de har udvist gennem hele projektet. Jeg vil huske tilbage på byggeriet af Den Blå Planet som et forløb, der var præget af en rigtig god stemning mellem alle parter og rådgivere, og jeg er overbevist om, at den fælles gejst for projektet har en del af æren for, at både de tidsmæssige og økonomiske rammer er mødt. Endelig kan jeg ikke slutte denne introduktion uden at udtrykke en dyb respekt for mine kolleger, som har arbejdet på dette projekt og ikke mindst for min medpartner i 3XN, Jan Ammundsen, som har ledet dette projekt for 3XN. Hans arbejde er uforligneligt.

in order to create more exhibition space. The middle of the whirlpool allowed us to create a centralized foyer for channeling visitors, reducing the risk of lenghty queues. In the design of the project, the equation of concept, form and function found an ingenious solution.

But a good building requires more than the right concept. A good building requires a good client. And here, the finished building speaks for itself. National Aquarium - The Blue Planet originated with an ambitious, bold and insightful client. I would like to take this opportunity to thank the principal donors: Realdania, Knud Højgaards Fond, Tårnby Municipality and Dronning Margrethe og Prins Henriks Fond for their faith in the architecture, and for the positivity and enthusiasm they have shown throughout the project. I will look back on the construction of National Aquarium - The Blue Planet as a project characterized by the positive dynamic between all stakeholders and consultants, and I am convinced that some of the credit for our ability to keep within both the time and financial constraints is due to the concerted enthusiasm of all the parties to the project. Finally, I cannot end this introduction without expressing my deep respect for my colleagues who have worked on this project, and not least for my co-partner at 3XN, Jan Ammundsen, who headed up this project for 3XN. His work is incomparable.

1

SET FRA LUFTEN

SEEN FROM THE AIR

Om vand, hvirvelstrømme og form
About water, whirlpools and form

SET UDE FRA RUMMET, er planeten vi lever på blå. Men selv om havene fylder mere på kloden end landjorden, og vandets økosystemer er helt afgørende for vores overlevelse, er det våde element stadig det mest ukendte, det mest mystiske i vores verden. Dette dragende, ukendte, og samtidig helt uundværlige ved vandet, havet, dybet, er hemmeligheden bag akvariets fascination. I dybet er alt anderledes: mørket, det flimrende lys, de mærkelige lyde, de langsomme, tunge bevægelser. Der er noget drømmeagtigt over livet nede blandt fiskene, og den drøm opsøger vi gerne.

Drømme, fascination, mystik og store naturkræfter er ikke det dårligste program for en bygning. Men på den anden side heller ikke det letteste. For hvilken arkitektur kan egentlig modsvare så stærkt et program? Et akvarium er arkitektoniske rum til liv på begge sider af glasset. Men med hvilken arkitektur bygger man for vand? Eller rettere: Hvordan bygger man på én gang for mennesker og fisk? Hvordan gør man det med andre ord muligt tørskoet at opleve det blå element i hele dets dybde?

At bygge til oplevelser kræver, at man balancerer hårfint mellem på den ene side det ekspressive, tillokkende, oplivende, og på den anden side det praktiske, den diskrete, funktionelle ramme. Ligesom det gælder for museer, og i et vist omfang for koncertsale, er det jo ikke meningen, at bygningen skal stjæle al opmærksomheden fra det, der udstilles eller foregår i den. Omvendt er moderne akvarier i familie med forlystelsesparker som eksperimentarier, planetarier og lignende, hvor publikum selv spiller en aktiv rolle. Dertil kommer spørgsmål om bygningens flow,

SEEN FROM SPACE, the planet we inhabit is blue. But while the oceans cover more of the globe than solid earth does, and the aquatic ecosystems are crucial to our survival, the wet element is still the biggest unknown, the greatest mystery in our world. This compelling, unexplored, yet indispensable dimension of water—the sea and its depths—holds the secret to the aquarium's fascination for us. In the deep, everything is different: the dark, the flickering light, the strange sounds, the slow, heavy movements. There is a dream-like quality to the life down among the fish—an irresistibly attractive dream that pulls our imagination into the great depths.

Dreams, fascination, mystery and powerful natural forces: no mean design programme for a building, but on the other hand, not the most straightforward either. Because what shape or form of architecture can live up to so demanding a programme? An aquarium comprises architectural spaces for life on both sides of the glass. But what style of architecture lends itself to aquatic exhibits? Or rather, how do we design interiors that cater at once to people and fish? In other words, how do we bring spectators high and dry into all the watery depth of the blue element?

Experiential building design means striking a fine balance between the expressive, alluring and life-affirming exhibits and the practical, discreet, functional setting. As with museums, and to some extent concert halls, the idea is not for the building to steal all the attention from the exhibits or performances. In this way, modern aquariums are akin to edutainment venues such as interactive science museums, planetariums and the like, where visitor interaction is key. Then there is the question

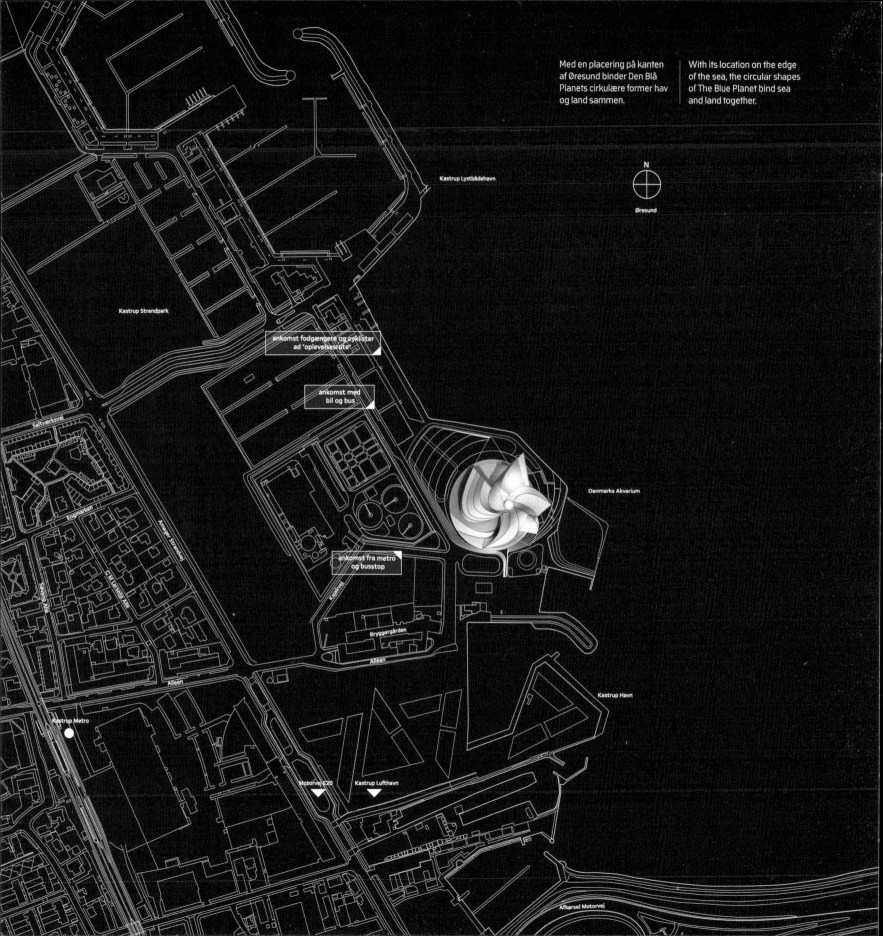

Med en placering på kanten af Øresund binder Den Blå Planets cirkulære former hav og land sammen.

With its location on the edge of the sea, the circular shapes of The Blue Planet bind sea and land together.

N

Øresund

Kastrup Lystbådehavn

Kastrup Strandpark

ankomst fodgængere og cyklister ad "oplevelsesrute"

ankomst med bil og bus

Danmarks Akvarium

ankomst fra metro og busstop

Saltværksvej

Engmarken

Amager Strandvej

C M Løvers Allé

Søvang Allé

Bryggergården

Alleen

Kastrup Havn

Alleen

Kastrup Metro

Motorvej E20

Kastrup Lufthavn

Afkørsel Motorvej

der er central i alt oplevelsesbyggeri. Endelig er der hele den tekniske side af sagen, der omfatter en lang række forhold som logistik, akvarieteknik, energi, lys, tilgængelighed, sikkerhed mv. Alt sammen inden for et budget, der må holdes snævert knyttet til de estimerede besøgstal. Det er denne komplekse opgave arkitekterne bag Den Blå Planet – det nye Danmarks Akvarium har stået overfor.

Ankommer man til København fra luften, vil man allerede under indflyvningen kunne få øje på det enkle greb, der er bygningens idé. Set fra oven og i plan er Den Blå Planet en snurrende propel af en hvirvelstrøm, standset og stivnet et øjeblik, så dens møllevinger eller arme ligesom stadig er bløde af bevægelsen, så formen på én gang fremstår som menneskeskabt industriel og levende organisk. Forestiller man sig, at bygningen ikke stod stille, men hele tiden snurrede om sin akse, kan man se dens form som en centrifuge, der fra sin midte slynger energien ud i en spiral, der fortsætter bevægelsen, indtil den når sit toppunkt og fordeler sig i et utal af udløb. Undervejs passerer den igen og igen radierne i cirkelslaget, ikke jævnt som viseren på en radar, men stigende og faldende som en bølge eller et piskeslag.

of the building's flow, which is a key aspect of all experiential building design. Finally, there is the technical dimension: the raft of factors such as logistics, aquarium technology, energy, lighting, universal design, security, etc.—all within a budget constrained by estimated visitor footfall. This is the complex design task addressed by the architects behind The Blue Planet—Denmark's new national aquarium.

For those arriving in Copenhagen by air, the simple device of the building's conceptual design is plain to see right from the moment of descent. From the air and the ground, National Aquarium - The Blue Planet is a whirring propeller of a whirlpool, stopped in its tracks, frozen for an instant so its windmill blades or wings are as if still blurred by their motion, and suggestive of lines that are both manmade industrial and vitally organic. Imagine then that the building is not static, but continually spinning around its own axis, taking on the form of a centrifuge, the energy spinning out from its center, in a spiral propagating the motion until it peaks and breaks down into countless runoffs. In motion, it repeatedly passes the radii of its circular momentum, not evenly like the hands of a radar dial, but rising and falling like a wave or whiplash.

"Ankommer man til København fra luften, vil man allerede under indflyvningen kunne få øje på det enkle greb, der er bygningens idé. Set fra oven og i plan er Den Blå Planet en snurrende propel af en hvirvelstrøm, standset og stivnet et øjeblik, så dens møllevinger eller arme ligesom stadig er bløde af bevægelsen, så formen på én gang fremstår som menneskeskabt industriel og levende organisk".

"For those arriving in Copenhagen by air, the simple device of the building's conceptual design is plain to see right from the moment of descent. From the air and the ground, The National Aquarium - The Blue Planet is a whirring propeller of a whirlpool, stopped in its tracks, frozen for an instant so its windmill blades or wings are as if still blurred by their motion, and suggestive of lines that are both manmade industrial and vitally organic."

Naturen kan opvise et stort repertoire af disse hvirvelformer fra malstrømme og fiskestimer og nautiler i havet til skypumper og fugleflokke på himlen. Fænomenerne rækker fra de mindste til de største, og fra de smukkeste til de mest skræmmende. Edgar Allan Poes berømte novelle "Ned i malstrømmen" (A Descent into the Maelström) handler således om en kraftig, altopslugende hvirvelstrøm, der angiveligt skulle findes ved Lofoten i Norge. Når den fra tid til anden opstår, åbner den sig som et enormt afløb, der trækker alt, hvad der flyder på havoverfladen, drivtømmer, søfugle, skibe med deres besætninger, ned i dybet. Den Blå Planet er imidlertid en fredelig og familievenlig hvirvelstrøm, der forventes at tiltrække 700.000 besøgende om året. Og selv om mange af dem givetvis vil være turister, er det ikke så lidt i et lille land som Danmark med dets under seks millioner indbyggere. Det mystiske blå element udøver en dragende kraft, der suger os ind.

Nature can put on a vast repertoire of such vortex effects, from maelstroms, shoaling fish and nautilus shells in the sea to tornados and flocking birds in the sky. The phenomena range from the minute to the vast, and from exquisite to terror-inducing. Edgar Allan Poe's famous short story "A Descent into the Maelström" is the tale of a powerful, all-consuming whirlpool, purportedly off Lofoten in Norway. Whenever it arises spontaneously, it opens as a vast drain, drawing in everything on the sea surface—flotsam and jetsam, seabirds, ships and their crews—down into the deep. National Aquarium - The Blue Planet though, is a tranquil, family-friendly whirlpool that is expected to attract 700,000 visitors a year. And although many of them will undoubtedly be tourists, this is still an impressive visitor count for a small country such as Denmark, with its population of under six million. The mysterious blue element exerts a compelling attraction on us, drawing us in.

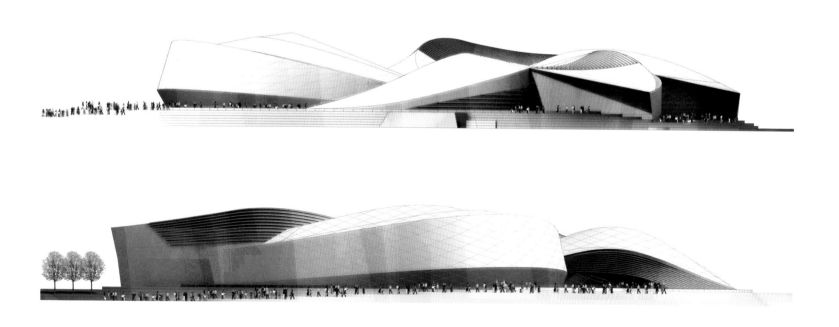

3XN

Set fra jorden kan Den Blå
Planets organiske former
lede tankerne hen på en hval
eller en stor bølge.

With its location on the edge
of the sea, the circular shapes
of the Blue Planet bind sea
and land together.

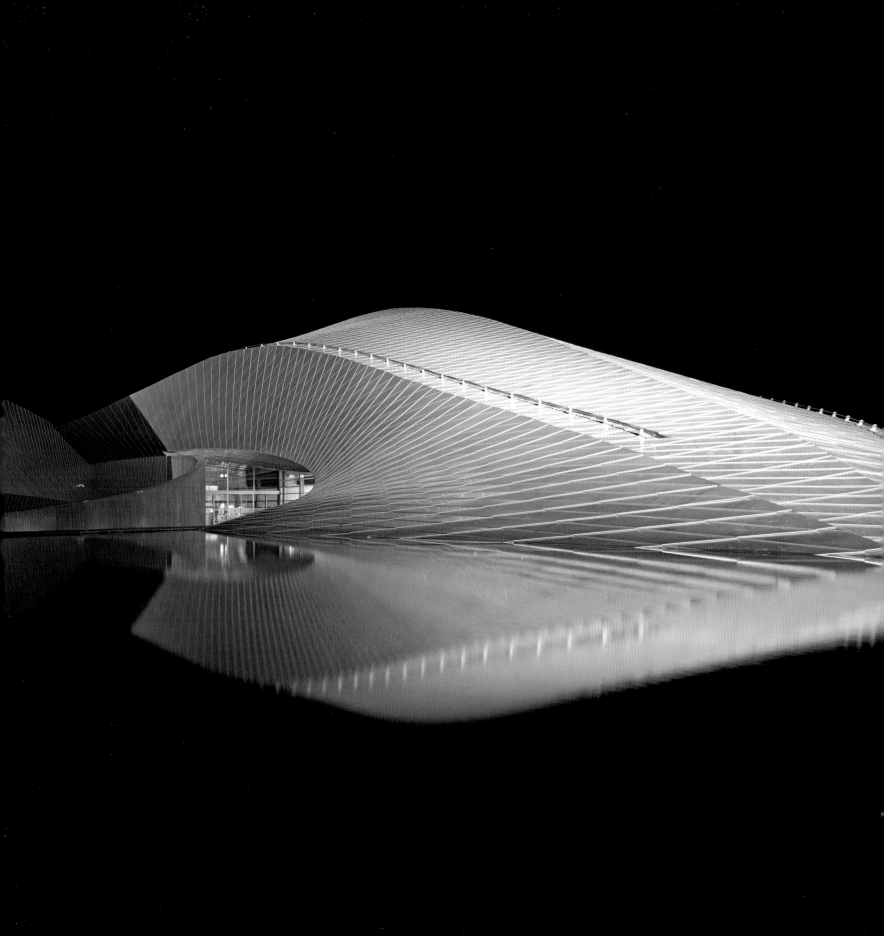

Denmark's National Aquarium - The Blue Planet

NED UNDER HAVETS OVERFLADE

BELOW THE SURFACE OF THE SEA

Om jagten på den rette arkitektoniske idé
About the search for the right architectural idea

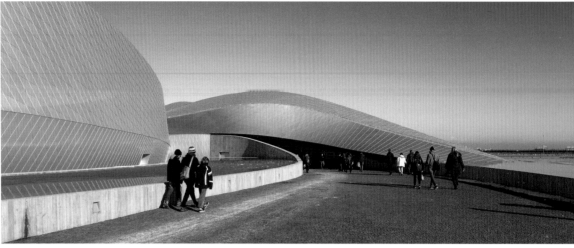

Gæster når indgangen ved at
følge den første og længste af
hvirvelstrømmens arme, der
allerede starter i landskabet.

Visitors reach the entrance
by following the first and
longest of the whirlpool's
arms, already starting in the
landscape.

SPØRGER MAN 3XN'S kreative direktør Kim Herforth Nielsen, hvor idéen til det arkitektoniske hovedgreb i Den Blå Planet kom fra, svarer han: "Jeg har fire børn." Og når spørgeren ligner et spørgsmålstegn, griner Kim Herforth Nielsen og tilføjer: "Derfor har jeg besøgt akvarier over det meste af verden, for når man rejser med børn, er akvarierne ofte et must." Under besøgene hæftede han sig ved flere ting. For det første, at akvarier ultimativt handler om at komme så tæt som muligt på oplevelsen af selv at være under vandet – uden at man behøver iføre sig dykkerdragt og iltflaske og al den slags. For det andet, at det var vigtigt, at man kunne vælge sin egen vej rundt i bygningen. Efter en klaustrofobisk oplevelse i 35 graders varme, fastklemt i en flok ivrigt masende børn foran haj-beholderen i akvariet i Sydney, stod et naturligt flow med alternative ruter således for ham som et helt afgørende paradigme for alt akvariebyggeri. Og endelig for det tredje, at selve det arkitektoniske de fleste steder syntes sært underprioriteret. Udefra lignede akvarierne lagerhaller eller stormagasiner: Man kunne ikke se, hvad de handlede om.

Da konkurrenceteamet hos 3XN gik i gang med at skitsere på Den Blå Planet var visionen derfor at nærme sig oplevelsen af at bevæge sig ned under vandet, og at give den oplevelse en adækvat arkitektonisk form. Men

ASK 3XN'S Creative Director Kim Herforth Nielsen where the idea for the main architectural device in National Aquarium - The Blue Planet came from, and he will tell you: "I've got four kids!" And in answer to our nonplussed reaction, he laughs and adds: "Which is why I've been to aquariums all over the world, because if you're travelling with kids, aquariums tend to be *must-see*. During these trips, he latched onto several things. First, aquariums are ultimately about getting as close as possible to a sense of actually being there, under water—without having to don a diving suit, oxygen tank and so on. Second, it is important to be able to choose your own route around the exhibits. Following a claustrophobic experience in 35-degree heat, trapped among hordes of eagerly elbowing kids in front of the shark tank in the aquarium in Sydney, natural flow with alternative routes came to be his crucial paradigm for all aquarium architecture. And third, there is the fact that the architectural features at most places of this type appear to be curiously undervalued. From the outside, aquariums tend to look like warehouses or department stores with no visual cues as to the contents within.

Consequently, when the design proposal team at 3XN set about sketching National Aquarium - The Blue Planet, the vision was to approximate the sense of exploring below

Denmark's National Aquarium - The Blue Planet

Herover: Grunden udgjorde tidligere et rekreativt område ved navn "udsigtshøjen

Modsatte side: Den Blå Planet skaber oplevelsen af at komme helt ind i fiskenes og havdyrenes verden.

Above: The site was formerly a recreational area called "the view hill."

Opposite Page: National Aquarium – The Blue Planet creates the sensation of fully entering the world of the fish and sea animals.

 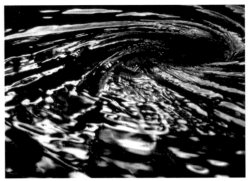

hvordan? Hvis visionen skulle fastholdes, måtte bygningen formidle overgangen mellem de to elementer: at bevæge sig fra landjorden og ned under vandet. Når først den besøgende i akvariet er indenfor, er det fiskene, der er det interessante. Så kan bygningen trække sig tilbage og overlade scenen til dem. "Jeg tror vi brugte fem af de syv uger vi arbejdede med konkurrencen på at finde den rigtige idé", siger Kim Herforth Nielsen.

Udfordringen var at lade historien om oplevelsen i dybet begynde allerede oppe på land, så man ligesom hos Jules Verne eller i Harry Potter-historierne får dette skift – omstigningen eller nedstigningen til en anden verden. "Vi ledte længe mellem alle mulige former, der kunne det," fortæller tegnestuens konkurrencechef Jan Ammundsen. "Jeg så i lang tid for mig billedet af beddinger som dem ude ved Vesterhavet, hvor det bare er vejen, der knækker og fortsætter ned under vandet. Det er megadramatisk og man kan øjeblikkeligt se, hvad det handler om: Her slutter vejen, fra nu af er vi i vandet."

Selve ankomsten til bygningen var altafgørende, men hvordan skulle man lave en indgang, der virkede som om den var under vandet, uden at den rent faktisk også blev fyldt med vand? Det viste sig at være svært at styre. Men der var naturligvis mange måder, man kunne formidle overgangen på. Mange, der var

the water surface but allied with a fitting architectural design. But how? If the vision was to be sustained, the building had to convey the transition between the two elements: of moving from solid earth to ocean deep. Once the visitor to the aquarium is inside, the main attraction is its watery inhabitants. Which means that the building can withdraw, handing the stage over to them. "I think we spent five of the seven weeks we worked on the design proposal coming up with the right concept," says Kim Herforth Nielsen.

The challenge was to let the story of the deep sea kick in while the visitor is still 'on shore,' so that, as in the worlds of Jules Verne or Harry Potter, the visitor thrills to the transition of switching to or descending into another world. "We searched for quite a while among all conceivable shapes for something that would do the trick," recounts the architectural firm's Head of Competition Jan Ammundsen. "For a long time I kept envisaging the slipways like those off the west coast of Jutland, where the road simply turns into a launch ramp and slips beneath the water. This is totally dramatic and you get the point instantly: this is the end of the road, from this point on we're waterbound."

The actual approach to the building was also critical, but how to create an entrance that gave the impression of submersion in water, without actually being filled with water? This

komplicerede og nogle, der var helt simple. En af de mest simple var den, hvor man blev suget ned under vandet. "Umiddelbart den mest barnlige" kalder Jan Ammundsen den. "Prøv at se på bygningen fra oven, så ligner den jo næsten sådan en af de her farvestrålende vindmøller på en pind, som børn løber rundt med."

Han satte sig så en aften og forsøgte at få princippet om at blive suget ned i en hvirvelstrøm omsat til arkitektur. "For bygherren og for den besøgende er den bagvedliggende historie jo ligegyldig. Den skal man derfor som arkitekt kunne kaste bort, og så skal bygningen stadig være interessant og funktionel osv., ellers er princippet ikke det rigtige, og opgaven er ikke løst."

Genistregen eller lykketræffet – eller begge dele – viste sig derfor først, da det gik op for arkitekterne, at det var forholdsvist simpelt at oversætte programmets funktion til en bygning formet som en hvirvel. Kunsten er jo ikke at opfinde en eller anden ekspressiv form og lade den lægge sig over projektet, som om

proved tricky. And there were, of course, many ways of conveying the sense of transition— many of which were complicated, while some were quite simple. One of the simplest was the idea of the visitors getting *sucked* down under the water. "On the face of it, the most childish," is how Jan Ammundsen puts it. "Try an aerial view of the building, and you'll see it almost looks like one of those colorful windmills on a stick kids run around with."

Then one evening he sat down to turn the principle of being sucked down into a whirlpool into architecture. "For the client and for the visitor, the history of how it was conceived is obviously by-the-by. Which is why, as the architect, you have to dispense with it, but having done so, the building must still be interesting and functional etc., otherwise the principle is out on a limb, and the design brief has not been met."

The stroke of genius or serendipity— or both—did not actually appear until the architects realized that it was relatively simple to translate the programme's function into a

Byggeriet af Den Blå Planet påbegyndte i efteråret 2010 og var afsluttet i december 2012

The Construction of The Blue Planet began in the fall of 2010 and was completed in December 2012.

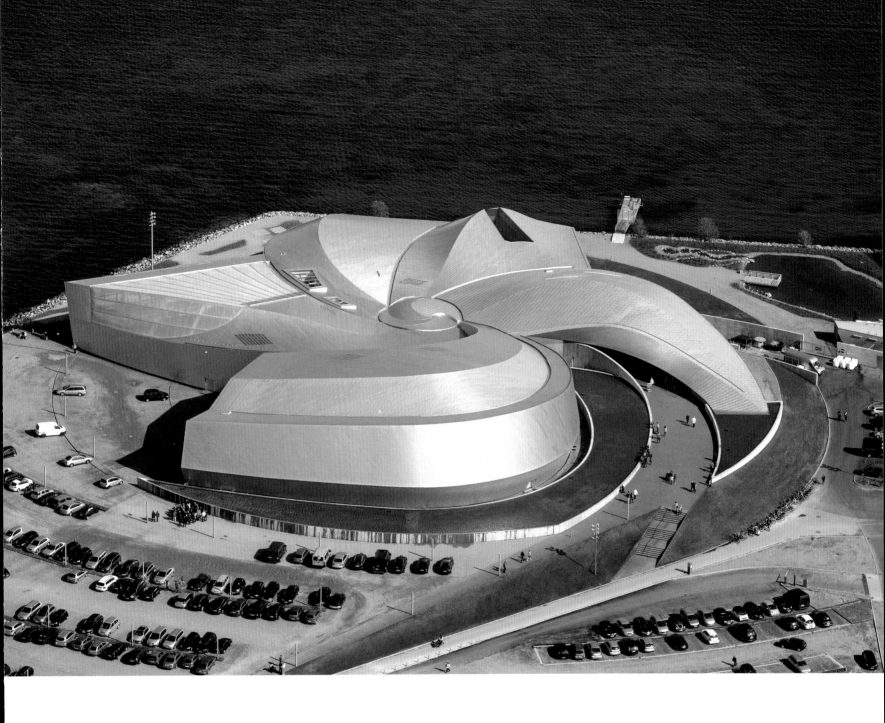

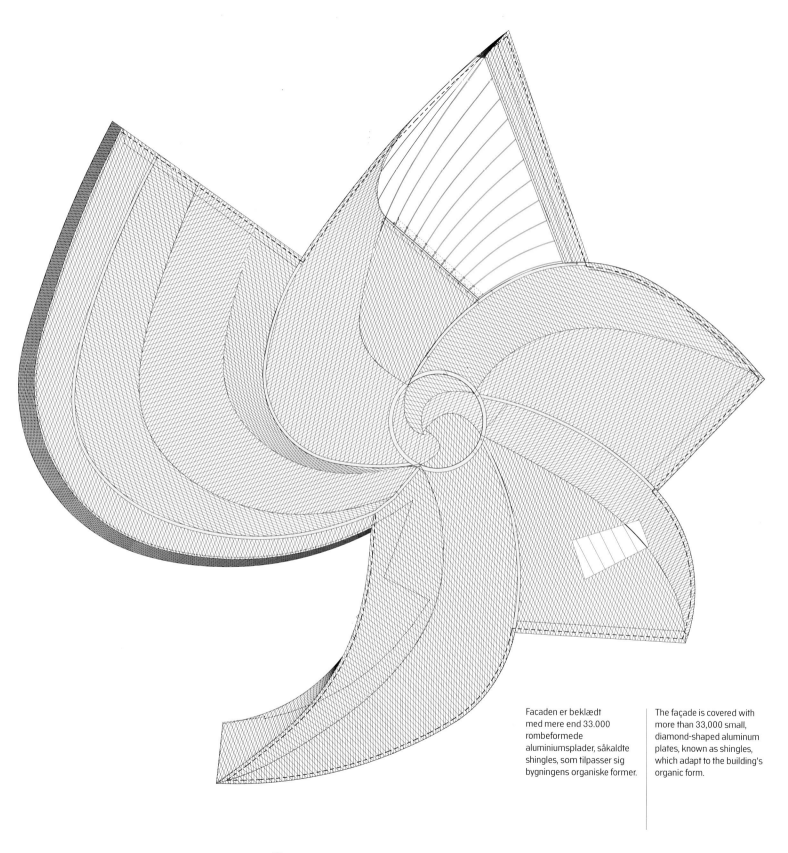

Facaden er beklædt
med mere end 33.000
rombeformede
aluminiumsplader, såkaldte
shingles, som tilpasser sig
bygningens organiske former.

The façade is covered with
more than 33,000 small,
diamond-shaped aluminum
plates, known as shingles,
which adapt to the building's
organic form.

bygninger var ufoer fløjet ind fra det ydre rum. Kunsten er at læse programmet, behovene, vilkårene, sitet, konteksten, mulighederne, så omhyggeligt og medskabende, at noget vokser frem af selve den proces.

Af programmet til det nye akvarium fremgik det, at man ønskede sig plads til de fire hovedafdelinger: Koldt ferskvand, varmt ferskvand, koldt saltvand, varmt saltvand, samt et fuglefjeld og en regnskov, plus naturligvis billetsalg, butik, kontorer, restaurant, skoletjeneste og en række logistiske servicefunktioner "bag scenen". Funktionerne i programmet kunne lægges efter hinanden som perler på en snor, men lagde man dem ind i cirkelrunde diagrammer med de forskellige afdelinger som stykker af en lagkage, skabte hvirvelstrømmens form et naturligt flow gennem bygningen med udgangspunkt i dens midte.

whirl-shaped building. Because it is not about dreaming up some expressive shape or other and then having it descend on the project, as though buildings were UFOs that landed on us from outer space. The art is to take the programme, the needs, the conditions, the site, the context, the potentials, and interpret them so conscientiously and so sensitively that something all of its own is conceived in the process.

The design brief for the new aquarium specified space for the four main sections: cold freshwater, warm freshwater, cold saltwater, and warm saltwater, along with a bird cliff and a rainforest, plus, of course, a ticket office, gift shop, offices, restaurant, schools services and a range of logistical service functions behind the scenes. The functions in the programme could be placed one after another like a string of beads. However, if they were instead placed within "pie charts," with the various departments forming a slice, the whirlpool's shape would generate a natural flow throughout the building, radiating out from its center.

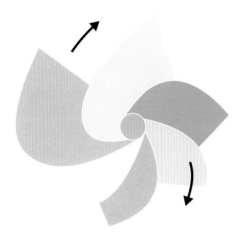

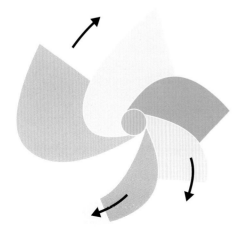

Formen gør det muligt at udvide bygningen med op til 30 %.

The shape makes it possible to extend the building with up to 30%.

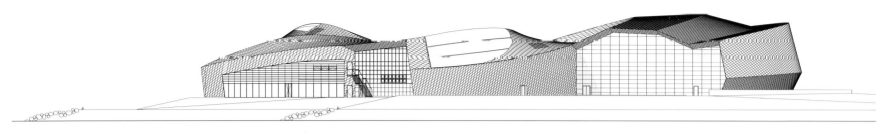

Nordfacade *North Façade*

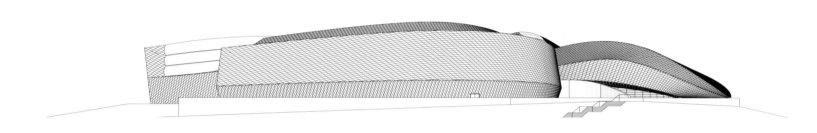

Vestfacade *West Façade*

Altså akkurat som i den vision man var startet ud med. De besøgende ville efter at være blevet "suget ind" i bygningen straks befinde sig i dens centrum af bygningen, hvorfra de frit kunne vælge deres egen rute rundt i den. Dertil kom, at der i programmet var et krav om, at akvariet over tid, uden det store besvær, skulle kunne udvides med mindst 30 procent. Også det kunne hvirvelstrømmen opfange. Dens "fangarme" kan individuelt udvides, uden at man behøver at lukke hele akvariet, og vel at mærke, uden at det vil ødelægge bygningens overordnede formmæssige udtryk. Så selv om formen er amorf og meget selvstændig, passer den på forunderlig vis præcis til programmet. Med hvirvelstrømmen havde man fundet en basal, men kompleks og mulighedsrig naturform, der i den grad kommunikerede "havets dyb".

The result would be precisely the vision conceived at the outset. The visitors would then, after being "sucked into" the building, immediately find themselves at its center, from which they were free to find their own tour route. Then there was the fact that the brief included a requirement for the aquarium, over time, to be expandable, without too much disruption, by at least 30 percent. Again, the whirlpool could absorb this. Its "tentacles" can be individually extended, without any need to close down the whole aquarium, and, not least, without it ruining the overall design of the building. So although the design is amorphous and highly independent, it is the most amazing fit for the brief. With the whirlpool, the architects had found a fundamental, yet complex and versatile natural design, which in no small way conveyed the "ocean deep."

3XN

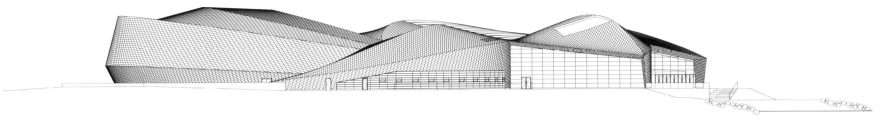

Sydfacade *South Façade*

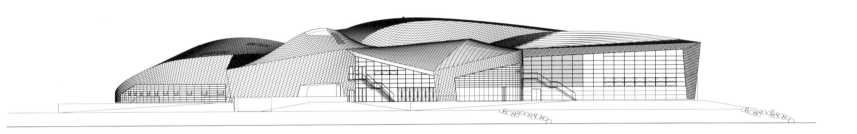

Østfacade *East Façade*

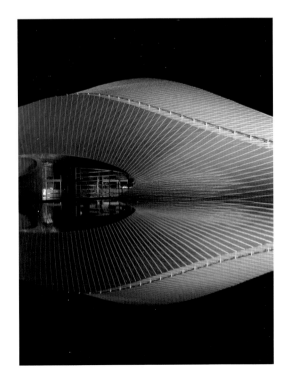

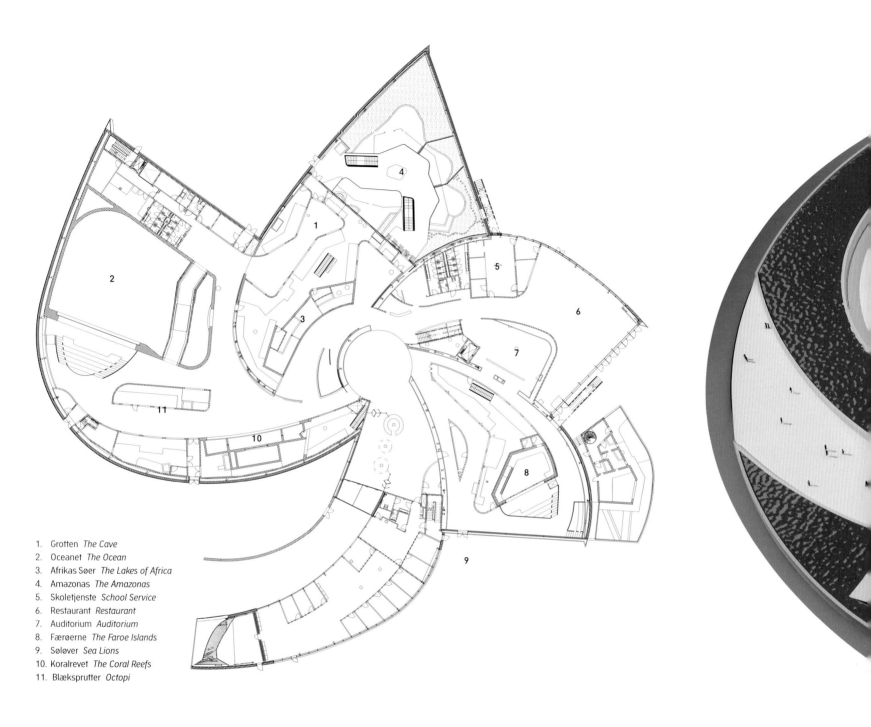

1. Grotten *The Cave*
2. Oceanet *The Ocean*
3. Afrikas Søer *The Lakes of Africa*
4. Amazonas *The Amazonas*
5. Skoletjenste *School Service*
6. Restaurant *Restaurant*
7. Auditorium *Auditorium*
8. Færøerne *The Faroe Islands*
9. Søløver *Sea Lions*
10. Koralrevet *The Coral Reefs*
11. Blæksprutter *Octopi*

1. Koldt *Cold*
2. Administration *Administration*
3. Varmt *Warm*
4. Fælles *Common*

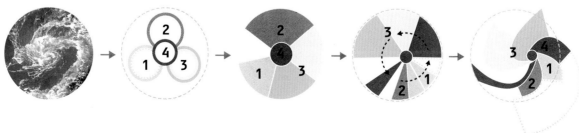

Det vigtigste for 3XN var imidlertid, at Den Blå Planet i processen med at omsætte en vision til bygning blev arkitektur; i en form, der nok var rørende enkel – og bogstavelig talt "naturlig" – men ikke plat. Et projekt, der endnu stadig skulle virkeliggøres, med alt det, der skulle løses i den forbindelse, men som allerede forlængede idéen om den sugende oplevelse ind i en håndterlig rumlig realisering. En rumlig løsning, der på trods af den umiddelbart spøjse idé, havde den tilstrækkelige "værdighed", som Jan Ammundsen siger. "Jeg synes faktisk den undervejs lagde det barnlige af sig og blev 'voksen'. Ellers ville det heller ikke have været den rigtige idé vi havde fået."

Den Blå Planets plastiske former i beton støbt på stedet omkring et stålskelet og beklædt med aluminiumsplader ligger i virkeligheden på en kunstig høj, men forekommer lav og aerodynamisk, måske fordi de runde former hele tiden undviger både blikket og horisonten – den vil ikke bare overgive sig, men tværtimod bevare sin mystik til det sidste. Tættere på tænker man, at konstruktionen af en så amorf og på mange måder ukategorisérbar bygning må have været lidt af et helvede. Men så opdager man, at nok er formen "kompleks", og at det egentlig ikke giver nogen mening at ville skelne mellem for eksempel basis, facade og tag, for det hele er så at sige én bølge, og pladerne, som den er beklædt med, er alle ens. En geometri som det nok har krævet en del beregning og mindst lige så megen håndværksmæssig snilde at få til at gå op. Alligevel er det et indlysende økonomisk greb, både i formmæssig og budgetmæssig forstand. Det må have været ganske tilfredsstillende at få den komplekse form og det samme, enkle klædningselement til at stemme overens hele vejen rundt.

Jan Ammundsen forklarer, at han under hele projekteringen håbede, at bygningen ville ende med at få en mere taktil og materiel karakter, end den meget plastiske, som formerne kunne lægge op til. "Havde vi ladet den stå i beton eller støbt

However, the key aspect for 3XN is that National Aquarium - The Blue Planet, in the process of translating a vision into a building, became *architecture*; in a form that was touchingly simple, and literally "natural"— without being tacky. A project that had yet to be realized in terms of all its technicalities, but which was already extending the "vortex" concept into a manageable, spatial reality. A spatial solution, which, in spite of what on the face of it was an oddball concept, had the requisite "dignity," in the words of Jan Ammundsen. "As I see it, along the way it ditched the childish angle and matured to come into its own. Otherwise our concept wouldn't have been so spot on."

National Aquarium - The Blue Planet's malleable lines in concrete cast in situ around a steel skeleton and clad in aluminium sheeting actually rest on an artificial elevation, but give the impression of being low and aerodynamic, perhaps because the round shapes constantly elude our gaze and the horizon—refusing to surrender their mystery to the last. Closer up, there's the idea that construction of such an amorphous and in many ways mould-breaking building must have been something of an ordeal. But then comes the realization that the shape is truly "complex" and that it makes no sense to distinguish between foundation, façade and roof since the same sheeting is used to clad all three elements, forming a single wave—a geometry that undoubtedly took a good deal of calculation and no less skills of the trade to bring together. Yet at the same time, there's the obvious economy of the architectural device in terms of both design and budget. It must have been not a little gratifying to bring this complex design and the same, simple cladding element together as a whole.

Jan Ammundsen explains that throughout the project planning phase he hoped the building would end up taking on a more tactile and material quality than the plasticity its contours might otherwise have spelled. "Had we left it in concrete or cast it in fiberglass, we wouldn't necessarily

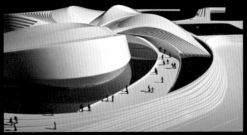
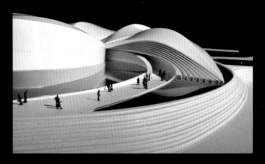
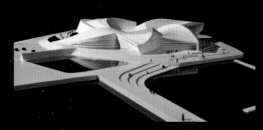
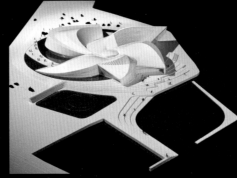
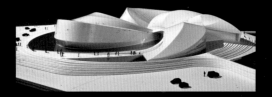
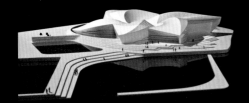
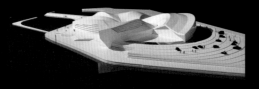
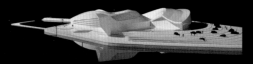
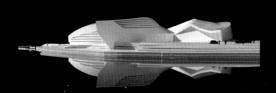
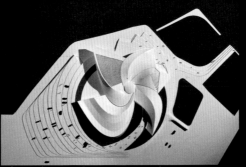

I forbindelse med
arkitektkonkurrencen
skabte 3XN denne
3D-model af deres
forslag til Den Blå Planet.

As part of the
architectural competition
3XN created this 3D
model of their proposal
for The Blue Planet.

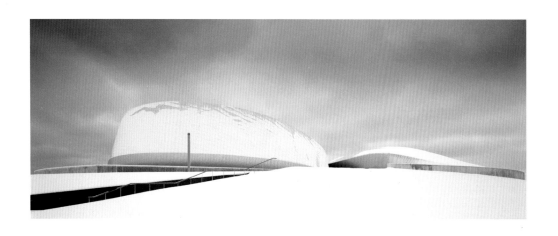

den i glasfiber, ville vi ikke nødvendigvis have opnået det møde mellem det plastiske og det håndværksmæssige, som jeg mener vi har. Jeg synes, vi har udnyttet den præcision, der ligger i metallet, uden at det er kommet til at fremstå stift eller dødt. Det er netop mødet mellem det relativt hårde, præcise metal og den håndværksmæssige tilpasning på stedet, jeg godt kan lide. Pointen er jo, at klædningen af de her ret komplekse former kræver, at håndværkerne med deres erfaring og håndelag formår at få den til at passe. Ved at benytte en helt almindelig byggeteknik, der typisk bruges til tagdækning, og som håndværkere her i Danmark er rigtigt dygtige til, får bygningen en håndværksmæssig finish, som er virkelig fed. Vi har så klædt hele bygningen på den måde, og det gør den selvfølgelig lidt usædvanlig."

Bemærker man, at Jan Ammundsen i de fleste af 3XNs byggerier egentlig vist nødigt skelner mellem facade og tag i strikte forstand, smiler han skævt: "Ikke hvis jeg kan slippe for det. At sætte et tag på en bygningskrop er jo nok den mest almindelige bygningstypologi, der findes, og det er fint nok, men netop derfor kan det være interessant at udfordre den måde, vi normalt opfatter tingene på. Altså, hvad nu hvis man ikke bare siger: Et hus er et tag med noget under og en sokkel det hele hviler på? Så udfordrer man på en ret enkel måde hele vores oplevelse af bygningen. Og i det her tilfælde kan man sige, at vi er gået efter en bestemt effekt, og det er der selvfølgelig en vis risiko ved. Ikke blot fordi vi er i en ret alvorstung branche, men også fordi der faktisk er en reel risiko for at ende med noget, der bliver plat. Men så er udfordringen at give idéen en rumlig begrundelse, som jeg synes vi har gjort her ved at fokusere på den oplevelse, der gemmer sig inden for, men lade den begynde udenfor, i spiralbevægelsen, som dele af bygningskroppen lukker sig over. Stiliseret set er bygningen en stor bølge, der danner facader, gulv og tag i én, lang bevægelse – man kan næsten surfe på den."

have achieved the crossover between the plasticity and craftsmanlike effect I believe we accomplished. I think we made the most of the precision of the metal without it looking rigid or lifeless. This juxtaposition between the relatively hard, precise metal and the workmen's modifications on site is what appeals to me. The point being that the cladding of these fairly complex shapes requires that the fitters, with their experience and dexterity, are able to make it all come together. By employing a common construction technique typically used in roofing solutions and which roof fitters here in Denmark excel at, the building takes on this crafted finish, which is totally out of this world. What we did was clad the entire building using that technique, which obviously makes it quite unusual."

Drop a comment that Jan Ammundsen in the majority of 3XN's buildings is usually loathe to demarcate façade and roof in a strict sense, and he will answer wryly: "Yes, if I can get away with it. Sticking a roof on a building shell is just about the most common, garden-variety building typology there is, which is fine by me. But that's what makes it so interesting to challenge the conventional view. Supposing you don't just say: A building is a roof with something under it plus a plinth for it all to rest on. Do that, and you're onto a fairly easy way of challenging our whole notion of what a building should be. And in this particular case you could say we went for a specific effect, and that obviously carries a risk. Not only because we're operating in a fairly austere industry, but also because there's actually a real risk of ending up with something tacky. Then the challenge is to give the concept a spatial justification, which I believe we have accomplished here by focusing on the experience hidden inside, but letting it start outside, in the spiralling motion, which parts of the building shell encapsulate. Stylistically, the building is one big wave forming the façades, floor and roof in one slow movement—you could almost surf it."

Udenfor akvariet findes en sø med karper og et anlæg, hvor søløverne boltrer sig i det fri. Søløverne kan også ses under vandet inde fra akvariet.

Outside the aquarium there is a lake with carps and a tank with sea lions. The sea lions can also be looked at from the inside of the aquarium.

Denmark's National Aquarium - The Blue Planet

Aluminiumsfacaden skifter
farve afhængig af vejr- og
lysforhold.

The Aluminum clad facade
changes its appearance
according to light and
weather conditions.

Denmark's National Aquarium - The Blue Planet

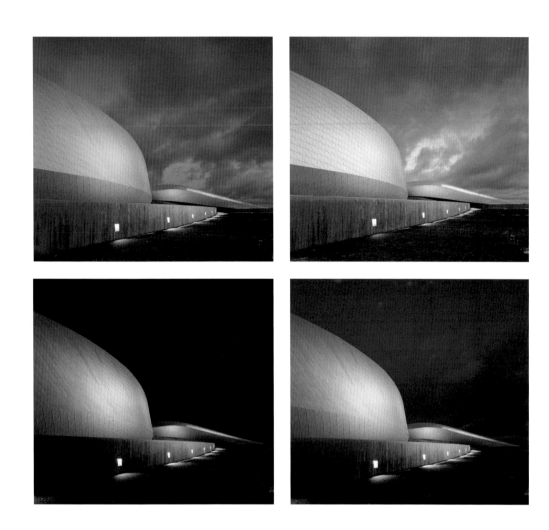

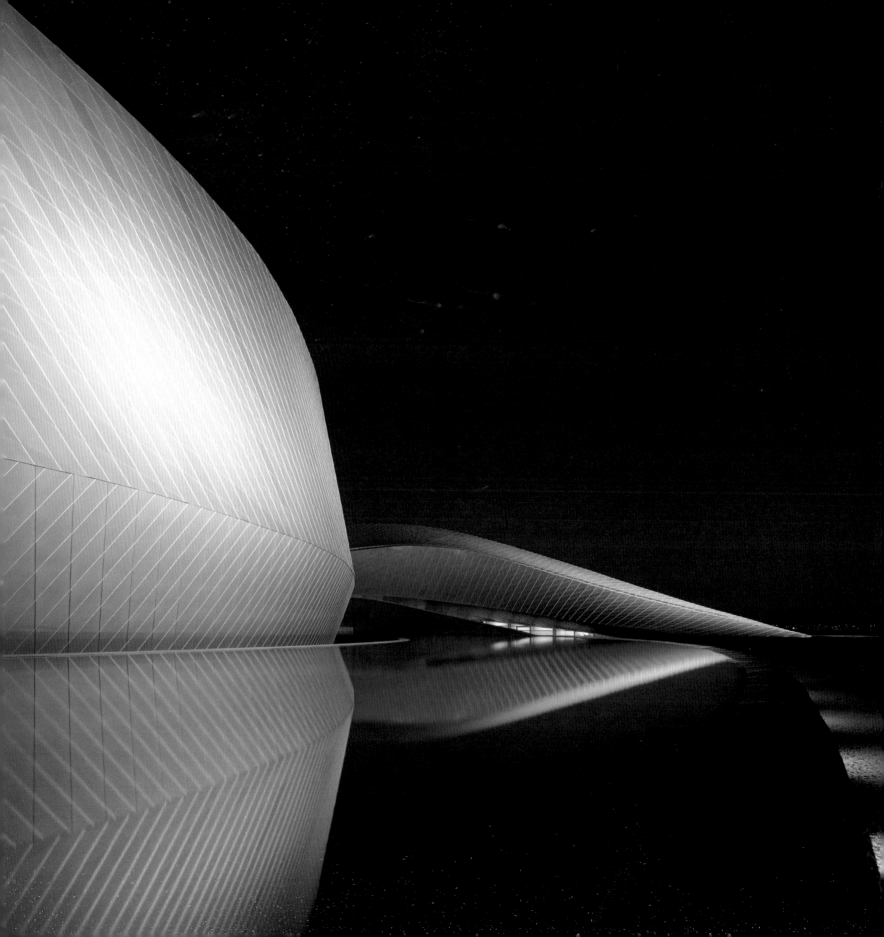

3

I FISKENES VERDEN

IN THE WORLD OF THE FISH

Om akvarier, stemninger og oplevelser
About fish tanks, atmosphere and experiences

DEN LANGE, dragende kurve, der er ankomsten, har præcis den effekt arkitekterne tænkte på, da de forestillede sig, hvordan den besøgende ville blive suget ind og ned af hvirvlens bevægelse alene. Det er forbløffende, at der skal så lidt til, og forstærkningen af effekten med spejlbassiner på begge sider og terrænfaldet så man vitterlig kommer ned "under" en vandoverflade lige inden man når indgangsdøren, er blot noget man fanger ud af øjenkrogen. Det er selve bevægelsen, ens egen nedstigning, der er tricket.

Og i samme øjeblik man er indenfor og forbi billetsalget, voila! – står man i midten af bygningen! Det, der måske lød som en lidt vidtløftig vision udtænkt ved at tegnebord, viser sig at være sandt. Ikke at den besøgende formodentlig vil bemærke det, for her er magien allerede begyndt. Man er under vandet! Man befinder sig i en foyer, der samtidig er en tryllekreds af en undervandsbiograf skabt i lys og lyd og billeder af scenografen og lysdesigneren Jesper Kongshaug med brug af klip fra BBC's The Blue Planet-udsendelsesrække. Herfra kan man som nævnt vælge flere veje rundt i akvariet, men følger man den, vejviseren anbefaler, vil man begynde i det, man så at sige kom fra lige uden for døren, nemlig eksempler på lokale, danske vandmiljøer.

THE EXTENDED, compelling curve that forms the approach has precisely the effect envisaged by the architects, of the visitor being sucked in and down by the vortex motion alone. It is astonishing that it takes so little and the reinforcement of the effect of the reflecting pools on both sides and the downslope which literally draw the visitor down "beneath" a water surface just before reaching the entrance is merely something we glimpse out of the corner of our eye. The trick being the transition itself, the visitor's own descent.

And in the wink of an eye we are inside, past the ticket office and then—there we are right at the center of the building! What may have sounded like a lofty vision dreamed up at a drafting table proves true. Not that the visitor is likely to notice, because by now the magic has already kicked in. We're underwater! Here we are in a foyer, which at the same time is a spellbinding subaquatic cinema created with lighting and sound and images by Stage and Lighting Designer Jesper Kongshaug, featuring footage from the BBC's The Blue Planet series. From here, as mentioned earlier, there are several routes around the aquarium, but if we take the one recommended by the visitor's guide, it starts out where we came from, as it were, with what's outside the entrance door: examples of local Danish aquatic environments. The mood here is intentionally low-key, the

Indgangspartiet er designet
således at der næsten altid
ligger i læ for vinden.

The entrance is designed
so that it is almost always
sheltered from the wind.

DAS KALTWASSER

Et cirkulær foyer er centrum for bevægelse rundt i akvariet, og det er her, de besøgende vælger, hvilken flod, sø eller ocean de vil gå på opdagelse i.

A circular foyer is the center of motion around the aquarium, and it is here visitors choose which river, lake or ocean to explore.

GROTTEN
THE CAVE | GROTTAN

Træk vejret i vand
– brug gæller

Sæt af i vand
– brug svømmeh...

I et 10 m langt sanseakvarium kan gæsterne røre ved almindelige danske havdyr.

In a 10 metres long sensory aquarium guests can touch ordinary aquatic animals from the sea around Denmark.

Stemningen er her bevidst afdæmpet, akvarierne er klassiske, overskuelige montrer i væggene, effekterne er begrænsede. Dels fordi det passer til klimaet og de for et dansk publikum måske mere velkendte arter, men ifølge faglig direktør ved Danmarks Akvarium Jesper Horsted gør det heller ikke spor, hvis man her vil blive mindet om stemningen i det gamle Danmarks Akvarium i Charlottenlund, hvor man følte sig som på besøg i et generøst privat hjem – en stor hyggelig villa fyldt med akvarier. Desuden har den neddæmpede indledning en nøje gennemtænkt funktion i husets dramaturgi: Herfra kan spændingen gradvist bygges op og udløses, indtil plotpunkerne undervejs kulminerer i amfiteatret foran den tropiske afdelings store oceantank, som med sine 4 millioner liter vand, utallige tropefisk og tyst glidende, mandsstore hajer nok kan tage pusten fra de fleste.

Akvarierne her i den første afdeling er nok klassiske, men allerede her er der en variation i størrelse og placering, der omvendt bæres af rolige flader og meget få arkitektoniske detaljer. En historie om fødekæden eksemplificeres med søer med frøer, rør med plantesuppe, akvarier med sild og rødspætter, gamle kendinge men jo usynlige i det daglige, bortset måske fra middagsbordet eller fiskehandlerens disk, og derfor her fascinerende tæt på. Og nærhedsprincippet fortsætter rundt om hjørnet. Et øjeblik senere er man ved det populære "Rør ved havdyr" område, hvor en snedig logistik sørger for, at man kan passere uden om i et andet spor, hvis der skulle være en sammenstimlen af begejstrede børnehavebørn, der for første gang skal prøve at "klappe" en fisk.

tanks are conventional, moderately sized in-wall cabinets, and the effects are limited. The idea is that this matches the climate and what a Danish public may find to be more familiar species. However, according to Chief Operating Officer of Denmark's Aquarium Jesper Horsted, there's no harm at this stage in being reminded of the atmosphere of the old national aquarium in Charlottenlund, where there was the sense of paying a visit to a hospitable private residence—a large, welcoming villa filled with fish tanks. Furthermore, the low-key intro has a carefully considered function in the dramaturgy of the building: from this point on, the tension can be built up and released until the strategically placed plot drivers culminate in the amphitheater in front of the tropical section's giant oceanic tank, which, with its 4 million liters of water, countless tropical fish and stealthily gliding man-sized sharks, is likely to blow anyone away.

The tanks in the first section may be conventional, but even these feature variations in size and location, and are conversely complemented by calm surfaces and restrained architectural details. A narrative of the food chain is exemplified by lakes with frogs, plankton pipes, tanks containing herring and plaice, old familiars yet unseen in everyday existence aside from at the dinner table or the fishmonger's counter, but now in fascinating close-up. And the principle of close encounters carries on around the corner. A moment later, the visitor is in the popular "hands-on sea creatures" zone, where the well-devised logistics allow visitors to pass by along an alternative route in the event of teeming hordes of nursery school children, eager for their first chance to "pet" a fish.

Umiddelbart efter den lave, nære, intime stemning, løfter loftet sig for første gang på turen og effekten er slående. Vi er stadig i Norden, men bogstavelig talt med højere til loftet. Faktisk står man foran et sceneri under åben himmel: Et helt færøsk fuglefjeld tegnet af efter en eksisterende basaltklippe på Suðuroy, en af øerne i øgruppen deroppe i Nordatlanten. Og det hele er med, fra søpapegøjer til de forunderligt formede basaltkrystaller og Nordatlantens store fisk som helleflynder og pighvar. Bare de sidste ikke bliver for store, for så spiser de nemlig søfuglene, når de dykker efter føde i akvariets lille stykke hav! Spektakulært på den anden led – horisontalt – er dernæst søløvernes anlæg, for det fortsætter nemlig i en lang kanal udenfor, og her kan den besøgende også komme ud, hvis man følger bassinets tre beboere, to hunner og en unge, der skyder som torpedoer op mod glasset og fortsætter ud i det fri. Både ude og inde er der siddemuligheder, så man kan tage sig et hvil og lade dyrene om at holde tempoet oppe.

Afslutningen på "den kolde del" er temaer fra det nordlige Stillehav, hvor alt synes stort: kæmpehummere, kæmpeblæksprutter, kæmpekrabber. Området indeholder desuden en fløj til skiftende temaer, og som en af mange logistiske finesser Jesper Horsted fremhæver i designet, kan fløjen lukkes helt eller delvist af, mens den opbygges og alligevel danner området ikke en blindgyde, men tillader fri passage videre rundt i huset. Dermed fungerer området også som en genvej til udendørsområdet, som naturligt tilhører akvariets koldtvandsdel, fordi man jo befinder sig i det danske klima, når man er udenfor. Det kolde loop kan man som besøgende endelig også lade slutte i restauranten, "som dog også serverer varm mad", som Horsted siger med et grin.

Immediately after this low-key, intimate setting, the ceiling rises for the first time on the tour, and the effect is striking. We are still in the Nordic region but the sky is now the limit. In fact, we are now in front of a landscape under the open sky: an entire Faeroese bird cliff illustration, copied from a real-life basalt cliff on Suðuroy, one of the islands in that remote North Atlantic archipelago. And it is all there, from puffins to the curiously shaped basalt crystals and the large North Atlantic fish, such as halibut and turbot. But here's hoping the last-mentioned don't get *too* big, because then they might snatch the seabirds as they dive to feed in the tank's small-scale ocean! Equally spectacular in the other direction— horizontally—comes the sea lion enclosure, which continues in a long channel outside, where visitors can also exit, if they follow the pool's three inhabitants, two females and a pup, who shoot up to the glass like torpedoes before charging off into the open air. There is seating both outdoors and in so visitors can take a rest and leave it to the animals to keep up the pace.

Rounding off the "cold section" are themes from the North Pacific, where the creatures go off the scale in size: giant lobster, giant squid, giant crab. This zone also contains a wing of changing themes, and as one of the many finer logistical details Jesper Horsted highlights in the design, this wing can be closed off completely or partially while under construction, without the zone producing a dead end, but granting unobstructed access to other parts of the building. In this way, the zone also serves as a shortcut to the grounds, which are a natural part of the aquarium's cold water section, because once outdoors, the Danish climate reigns. Visitors can also opt to close the cold loop with a trip to the restaurant, "which does actually serve hot food," says Horsted, with a laugh.

Færøsk fuglefjeld I det specialbyggede anlæg får den besøgende indblik i det særlige liv under vandet på Færøerne, og de mange fugle, der lever af havet. Anlægget strækker sig 15 meter op mod den åbne himmel, og her lever søpapegøjer og andre søfugle. I vandet svømmer pighaj, helleflynder og havkat.

The Faeroese Bird Cliff In this specially made display, visitors get a first-hand experience of the peculiar life below the sea at the Faro Islands and the many birds which live by the sea. The construction, which rises 15 meters to the open sky, is home to puffins and other sea birds. In the water swim siki sharks, halibut and cattish.

Afrikas søer Et kæmpe akvarium, der viser de farvestrålende fisk og mange forskellige arter, der lever af og i korallerne. Alle typer af revets dyr er repræsenteret i fire usynligt adskilte akvarier.

Africa's Lakes Nowhere else in the world but Africa is home to so many lakes that contain such a vast assortment of species. Five large aquariums demonstrate the diversity of life in Africa's greatest lakes: Victoria, Tanganyika, and Malawi.

Akvariets varme – subtropiske og tropiske – afdeling begynder med Afrikas søer, her er akvarier med farvestrålende fisk og krokodiller, og måske er hovedattraktionen regnskoven, et højt rum med tropetemperatur og -fugtighed, fugle flaksende over hovedet, en hel sø med væltede træer, gardiner af lianer, kanoer henslængt på bredden og slanger i græsset. Ja, det vil sige, man bliver glad for træstammerne, for de danner trods alt hegn mellem den besøgende og de otte meter anakonda – dog fordelt på fire eksemplarer – der kan lide at gemme sig derinde. Varmen, fugten, lydene, lysvirkningerne skaber en fuldstændig illusion af pludselig at være i troperne. Som mange andre detaljer i akvariet har kanoerne deres egen historie, for dem har Jesper Horsted og dyrepassernes chef Lars Skou Olsen såmænd selv været i Malawi og hente. "Og du kan stadig høre dem grine dernede, over at vi ville give penge for en, der havde hul i bunden. Det er ikke hver dag, der kommer nogle tåbelige hvide og køber utætte kanoer."

The aquarium's warm—subtropical and tropical—section opens with African lakes, and boasts tanks full of brightly colored fish and crocodiles, while the main attraction is perhaps the rainforest—a lofty interior maintained at a tropical temperature and humidity, with bird wings flapping overhead, a whole lake of fallen trees, curtains of lianas, canoes sprawling on the banks, and snakes in the grass. And visitors quickly grow to appreciate the logs, which form a barrier between them and the eight meters of anaconda—admittedly it takes 4 specimens to make up the length—who tend to hide in there. The heat, damp, noises and lighting effects create a complete illusion of stepping into the tropics. Like many other details in the aquarium, there is a story behind the canoes: Jesper Horsted and Lars Skou Olsen, supervisor of the animal attendants, travelled to Malawi to fetch them personally. "You can still hear them laughing down there at us wanting to pay good money for a canoe with a hole in the bottom. It's not every day that a couple of daft foreigners turn up to buy leaky canoes."

Amazonas Verdens største flod Amazonas har et imponerende dyreliv, som du kan opleve i den store regnskovshal. Her er frit flyvende fugle og sommerfugle i alle farver. Anlægget har fire store akvarier, der kan ses oppefra og neden under vandet.

The Amazonas The world's longest river, the Amazon River, supports an incredible range of wildlife, examples of which are on display in the large rainforest hall. Here you will find free-flying birds and butterflies in myriads of colours. The rainforest hall also has four large aquariums that can be viewed from both above and below.

Koralrevet Et kæmpe akvarium, der viser de farvestrålende fisk og mange forskellige arter, der lever af og i korallerne. Alle typer af revets dyr er repræsenteret i fire usynligt adskilte akvarier.

Coral Reef One huge aquarium displays a variety of colourful aquatic specimen living in and around coral reef. Invisible to the human eye, there are four separate sections within this large display, with each playing host to a select group of creatures.

I overgangen til næste afsnit finder man igen kadencen mellem spændingsopbygning og -udløsning, mellem det store sus og det mere hyggelige, mellem detalje og helhed. En mere museal afdeling, der hedder "Fra finne til fod" handler om mangrovesumpen, hvor floddelta møder hav, hvor ferskvand møder saltvand, og hvor vanddyrene en gang for millioner af år siden gik på land, og dermed blev ophav til alt liv på landjorden.

Akvariets sidste og sikkert største attraktion er den enorme oceantank, som man både kan betragte som forbløffet tilskuer fra et trin i amfiteatret foran den kæmpestore glasrude, og "gå rundt i" i kraft af en tunnel under tanken, hvor man har hav og fisk og koralrev på alle sider omkring sig: Over hovedet, til siderne, under fødderne. Klogt nok er der for de klaustrofobiske mulighed for at smutte udenom. Konstruktionen er en akvarieteknisk og ingeniørmæssig bedrift, og siger lidt om, i hvor høj grad et komplekst byggeri som akvariet kræver samarbejde mellem mange ekspertiser. Et samarbejde Jesper Horsted i øvrigt priser: "Der har været en enestående lydhørhed over for vores ønsker, og en fantastisk vilje til at få det hele til at gå op."

In the transition to the next section, we rediscover the cadence between tension build-up and release, between feeling the rush and then the calm, between details and the grand scheme. A more museum-style section entitled "From fin to foot" tells us about the mangrove swamp, where the river delta meets the sea, where freshwater meets saltwater, and where aquatic species came ashore millions of years ago, becoming the origin of all life on land.

The aquarium's last and undoubtedly greatest attraction is the huge oceanic tank, which the visitor can behold either from the spectator vantage point on a step in the amphitheater in front of the gigantic glass wall, or in full "immersion" inside a tunnel beneath the tank, completely surrounded by ocean and fish and coral reefs: overhead, at either side, underfoot. Wisely enough, for the claustrophobes among us, there is the option of a quick detour. The structure is a feat of aquarium technology and engineering, and testifies to the exacting demands made by a complex building the likes of this aquarium in terms of multidisciplinary expertise. This collaborative partnership is commended not least by Jesper Horsted: "The receptiveness to our wants and needs was out of this world; plus an amazing determination to bring it all together."

Oceantanken Det største af alle akvarier i Den Blå Planet. Her svømmer spektakulære hammerhajer, elegante rokker og de mystiske muræner og hundredevis af andre fisk i det fire millioner liter store akvarium. En 16 meter lang tunnel midt i vandet gør det muligt at opleve vandet og dyrene helt tæt på.

The Ocean Tank Largest of all the aquariums is the ocean tank. Here in the four-million-litre basin, spectacular hammerhead sharks, elegant rays, mystical moray eels and hundreds of small fish are swimming around. Through a 16-metre-long acrylic tunnel below the water, visitors can experience the animals at very close range.

Rundturen kan afsluttes på mange måder; man kan tage andre veje rundt, tage genveje, korte af, gå ud eller lade sig opsuge af labyrinten. Et Middelhavstema byder på en flot akvariescenografi med et sunket skib, hvis last bestod af rør, som murænerne rigtigt godt kan lide. En minibiograf omslutter den besøgende med en fortælling om vandets kredsløb i alle elementer fra torden og alle slags nedbør over buldrende vandfald og Nildelta til fordampning og drivende skyer i et loop, der slutter højt oppe i atmosfæren, hvor hele processen kan begynde på ny, akkurat som det er: Alt vand i verden hænger sammen.

The tour can be rounded off in many ways; there are alternative routes, shortcuts, the whistle-stop tour, or a drift into the maze. A Mediterranean theme boasts amazing aquatic décor, including a sunken wreck, with a cargo of pipes to lure the moray eels. A mini-cinema surrounds its audiences with documentary on the water cycle in all elements from thunder and every type of precipitation, through roaring waterfalls and Nile deltas to evaporation and drifting clouds, in a loop ending high up in the atmosphere, where the whole process resumes, exactly as it is: all the water in the world is connected.

EN EKSTRAORDINÆR BYGNING TIL EN ORDINÆR PRIS

AN EXTRAORDINARY BUILDING AT AN ORDINARY PLACE

Om logistik, konstruktion, geometri og materialer
About logistics, construction, geometry and materials

3XN

"EN EKSTRAORDINÆR BYGNING til en ordinær pris" kalder Kim Herforth Nielsen Den Blå Planet, hvis han skal forsøge at lyde som en reklamemand. Men der er nu ikke noget smartness over den måde man gik til opgaven, snarere her ved afleveringen en stolthed blandet med en smule vantro over, at det kunne lade sig gøre. "Man skulle ikke tro, at det her hus er bygget til en helt almindelig facadekvadratmeterpris, vel?" siger Jan Ammundsen.

Den komplekse geometri gjorde ganske vist projekteringen til et konstruktionsmæssigt puslespil, men det har man prøvet før hos 3XN, som nødigt tegner lige-op-og-ned. "Jeg kan huske en sekvens fra en tv-udsendelse om Utzon", siger Kim Herforth Nielsen. "Han holdt en tændstikæske op, og spurgte så: Hvor interessant er den her egentlig?"

De vanskelige former i konstruktionen af Den Blå Planet har deres pendant i den tekniske udfordring i overhovedet at få så lydefri en illusion som akvariet til at fungere i kulissen. Jesper Horsted kalder det en kraftpræstation og viser rundt oppe og nede i den underverden af filtreringsanlæg, pumpesystemer, elektriske systemer, karantænebassiner, ventilationsrør og meget andet, som holder hele teatermaskinen kørende. Der er cirka 60 akvarier i Den Blå Planet, og de skal alle sammen holdes rene,

"AN EXTRAORDINARY BUILDING at an ordinary price" is how Kim Herforth Nielsen describes National Aquarium - The Blue Planet, if asked for his best ad exec pitch. But there was no glibness in the way the firm set about realizing the project; in fact, at handover there was a sense of pride tinged with slight disbelief that it was actually achievable. "You wouldn't think that this building was constructed at an average per-square-meter façade price, would you?" says Jan Ammundsen.

The complex geometry certainly made the project-planning a puzzle in terms of construction, but this is par for the course for 3XN, a firm that shies away from designing your average straight-up-and-down. "I remember a bit from an Utzon documentary," says Kim Herforth Nielsen. "He held up a matchbox and asked: Where's the interest in this?"

The challenging lines in the construction of National Aquarium - The Blue Planet are mirrored by the challenge of getting as soundless an illusion as the aquarium to operate discretely behind the scenes. Jesper Horsted calls it a feat of ingenuity, and gives us a tour up and down in the underworld of filtration systems, pump systems, electrical systems, quarantine pools, ventilation pipes and much more besides that keeps the whole stage show up and running. There are

belyses, fiskene skal kunne fodres osv., ligesom det hele skal spille sammen med audiovisuelt udstyr med lydeffekter og tilsvarende støjdæmpning, og med adgangsforhold adskilt fra de besøgendes ruter.

Oceantanken er set fra oven stor som en sø og en fortøjet gummibåd antyder, hvilket format den har: man kan sejle på den. Men endnu mere forbløffende er det at tænke på, at dens mere end 4 millioner liter vand vejer 4.100 tons, som står og presser på ruden og vil ud. Dens akrylrude er da også knap en halv meter tyk, og jernbetonskelettet, der rummer den, er halvanden meter i tykkelsen. Det er vitterligt en fæstning, som helst ikke skal synke lukt ned i en fugtig strandgrund på Amager.

around 60 fishtanks in National Aquarium - The Blue Planet, and they all have to be kept clean, illuminated, the fish in them have to be feedable etc., while it all has to tie in with audio-visual equipment with sound effects and conversely, noise reduction, and with staff access segregated from visitor routes.

Seen from above, the oceanic tank is large as a lake, and a moored dinghy hints at its scale: it's navigable. But even more astonishing is the thought that its more than 4 million liters of water weighing 4,100 tonnes are hard up against the glass wall, pushing to get out. Reassuringly, its acrylic pane is just under half a meter thick, and the reinforced concrete skeleton that retains it is one and a half meters thick. This is indeed a fortress, and one that nobody wants to see subside into a damp waterfront plot.

Restauranten kan tage cirka 200 gæster i en vinge med højt til loftet og store glaspartier mod Øresund. Skoletjenesten har fine forhold på det øvre niveau, hvor der også findes et sydøst vendt auditorium og ekstra mødelokaler for personalet. Det ene af skoletjenestens "klasseværelser" – hvor det simple forhold, at skolepultene er bassiner, ligesom straks kommunikerer, hvad det hele handler om – har så fin udsigt over Øresund med havvindmøllepark, broen og Sverige i det fjerne, at man sagtens kan forestille sig det anvendt til receptioner og lignende. Kontorfløjen ligger umiddelbart til højre for indgangen, så også personalet bag kulisserne er i kontakt med indgangen, og i øvrigt fra den ene side i det åbne miljø og fra kantinen har udsigt til sundet. Jesper Horsted fremhæver en lille, men i det daglige meget væsentlig logistisk løsning, der består i, at modtagedisken for skoletjenesten ligger synligt for billetsalget, så man i billetsalget kan henvise ankommende skoleklasser videre til skoletjenesten blot ved at pege: Det er lige dér.

The restaurant seats around 200 diners in a wing with a high ceiling and large glass sidings overlooking the waters of Øresund. The schools service has excellent facilities at the upper level, which also contains a southeast-facing auditorium and additional meeting rooms for the staff. One of the "classrooms" reserved for the schools service—where the simple fact of the school 'desks' being pools instantly conveys the whole intention—has so amazing a view of Øresund with its wind farm, bridge and Sweden in the distance, that you could easily imagine it being hired out to receptions and the like. The office wing is located immediately right of the entrance, meaning that behind-the-scenes members staff are in contact with the entrance, but also on one side in an open-plan setting, and with a view of the Sound from the canteen. Jesper Horsted highlights a minor, but for everyday work, vital, logistics solution in that the reception desk for the schools service is visible from the ticket office, so that staff there can direct school arrivals to the schools service simply by pointing the way: It's right over there.

Restaurantens indretning tager udgangspunkt i de farver og udtryk, der kendetegner den nordiske natur. Restauranten er sydøstvendt og tilbyder dermed en fantastisk panoramaudsigt over havet.

The restaurant's décor is based on the colors and expressions that characterize the Nordic nature. The restaurant is south-facing and thus offers a panoramic view of the sea.

Den Blå Planets beliggenhed synes helt oplagt. Mentalhygiejnisk virker det rigtigt, at et akvarium ligger ved havet, og det er da også renset Øresundsvand søløverne svømmer i. I virkeligheden har et moderne akvarium dog teknisk set mindre glæde af at ligge lige ved havet, end man måske forestiller sig. En væsentlig gevinst i bæredygtighedshenseende er dog, at man kan anvende havvandet til køling. I øvrigt er primærventilationen i Den Blå Planet naturlig: For eksempel kan man undgå, at regnskoven overopheder om sommeren simpelthen ved at åbne vinduer i taget.

Visse kunstgreb er nødvendige. Et sted står man foran hvad man oplever som ét akvarium; i virkeligheden er det fire med næsten usynlige vægge imellem, for at fiskene ikke skal æde korallerne, og for at rovfiskene ikke skal æde de andre fisk. Arkitekterne har omhyggeligt vinklet alle akvarieruder, så man undgår spejlinger, der kan forstyrre oplevelsen og ødelægge illusionen. Jan Ammundsen husker meget klart spejlbilledet af et lille nævenyttigt, grønt EXIT-skilt, der pludselig var kommet op og hang og lyste midt på den store rude til oceantanken. Selv sprinklerhovederne i regnskoven har man ellers så vidt muligt fået integreret og skjult. Det er ikke så få detaljer man skal være over, når man bygger oplevelser og illusioner. En del af æren for, at de mange illusioner fungerer, kan australske AAT, der står for den akvarietekniske totalentreprise, tage æren for. Sjovt nok er en af deres underleverandører et firma i Varde, Pangea Rocks, der arbejder over hele verden i kraft af, at de er specialister på et helt bestemt felt: De kan få beton og trompe-l'oeil-maleri til at ligne ægte undersøiske skær, så man ikke kan se forskel.

National Aquarium - The Blue Planet's location seems obvious. The dictates of mental hygiene make the seafront location seem appropriate, and the sea lions are duly swimming around in treated water from the Øresund. In reality though, a state-of-the-art aquarium has less technical advantage from being by the sea than might be imagined. That said, a significant plus point on the sustainability score is that the seawater can be used for cooling. Added to which, the primary ventilation inside the aquarium is natural: the rainforest, for example, is prevented from overheating in the summer simply by opening windows in the roof.

Certain amounts of artifice are necessary, though. At one point, we are looking through what we perceive to be a single tank wall; in reality, however, there are four invisible walls sandwiched in between to prevent the fish from eating the corals and to prevent predatory fish from eating the other creatures. The architects carefully angled all the tank walls to prevent reflections that would have disrupted the experience and ruined the illusion. Jan Ammundsen recalls very clearly the mirror image of a small, but insistent green EXIT sign, which had suddenly been installed and was lighting up the middle of the large front of the oceanic tank. Even the sprinkler heads in the rainforest have, where possible, been recessed and hidden away. There is no small volume of detail to deal with when constructing perceptions and illusions. A share of the credit for the success of the many illusions is down to the aquarium design and construction contractor, AAT (Advanced Aquarium Technologies) of Australia. Oddly enough, one of their sub-suppliers is a firm from the Danish provincial town of Varde, Pangea Rocks, which undertakes contracts worldwide in their capacity as specialists in a niche field: they can make concrete and *trompe-l'oeil* paintings look like genuine

Denmark's National Aquarium - The Blue Planet

En enkelt model af en syv meter lang haj hænger og troner højt oppe under loftet. Den finder man ikke i nogen af akvarierne. Det er den store hvide haj, der meget passende set i forhold til dens mytiske karakter, ikke egner sig til at leve i fangenskab. Derimod er regnskoven så ægte som den kan blive, for de fleste af planterne er hentet i en danskejet planteskole i Costa Rica.

De store attraktioner og den krævende teknik dominerer naturligvis teknikken og logistikken i huset, men på en tur gennem akvariet møder man også mange små finurlige detaljer, der viser, at der er tænkt overordentligt meget i det man kunne kalde bygningens henvendelse til folk. De mindste kan få stemplet deres billetter med bid af legetøjsmuræner, -gedder og -piratfisk. Et lidt lysere gulv end oprindeligt tænkt, markerer overgangen mellem væg og gulv lidt tydeligere til glæde for ældre og svagtseende.

subaquatic reefs, so nobody is any the wiser. A simple model of a seven-meter shark is suspended, high above it all, from the ceiling. You won't find that in any of the tanks. This is the great white shark that, very fittingly given its mythical character, is unsuited to life in captivity. Against that, the rainforest is as authentic as could be, since most of the plants came from a Danish-owned nursery in Costa Rica.

The main attractions and the demanding technical features naturally dominate the installations and logistics in the building, but on a tour through the aquarium all kinds of quirky little details pop up reflecting the huge amount of thought that went into what might be referred to as the building's public face. The youngest visitors can have their tickets stamped by the bite of toy moray eels, pike and piranha. Slightly paler-colored flooring than originally envisaged marks the transition between the wall and floor more distinctly for the benefit of the elderly and sight-impaired.

NÅR DET YDRE MØDER DET INDRE

WHEN THE EXTERIOR MEETS THE INTERIOR

Om samspillet mellem form, funktion og formidling
About the interplay between form, function and presentation

DET ER NOK RIGTIGT, som Jan Ammundsen siger, at den spektakulære formgivning af bygningens eksteriør med den store hvirvelstrøm, i interiøret afløses af den samme form i en udgave, der understøtter oplevelsen dyrene og miljøerne, men ikke står i vejen for oplevelsen. Alligevel fornemmer man også inden døre et tæt samspil mellem arkitekturen og bygningens indhold. De mørke betonvægge krummer overalt og leder ens færden helt anderledes, end lige linjer gør. Alle hjørner er bløde kurver, der nøje afvejet forlænger eller afkorter fokus på et bestemt område, lægger op til det næste, pludselig afslører eller åbner sig, for igen at snævre ind, åbne nye passager, nye rum. Fornemmelsen af at befinde sig i en labyrint er meget tydelig. I det dæmpede lys, mellem mørke vægge, lofter og gulve og de dybt lysende akvarier, der hele tiden fanger ens opmærksomhed, lader man sig fuldstændig forføre og giver gerne afkald på overblik og stedsans. Akvariet er et undervandsteater med alle moderne virkemidler, men egentlig baseret på det mest basale, en lidt gammeldags tro på, at formidlingen af "naturens forunderlige verden" som en illusion, og med så lidt filter som muligt, i sig selv er nok til at skabe oplevelsen. Og det synes at virke.

IT'S NO DOUBT TRUE, as Jan Ammundsen puts it, that the spectacular design of the building's exterior with its huge whirlpool gives way in the interior to the same design in a version that complements the visitor experience of the sea creatures and their environments without getting in the way of that experience. Yet inside, there is still the sense of a close interaction between the architecture and the building contents. The dark concrete walls curve every which way, leading the visitor around in quite a different manner than would straight lines. All the corners are soft curves, which in their close balance extend or curtail the focus on a certain area, lead us to anticipate the next exhibit, suddenly revealing or opening only to narrow again, opening new passageways, new spaces. The maze-like feel is distinct: in the dimmed lighting, between dark walls, ceilings and floors, and the deep-lit tanks constantly catching our attention, we succumb to the seduction, readily surrendering our sense of perspective and direction. The aquarium is a subaquatic theater, with all the modern bells and whistles, but in fact, based on the most basic notions: a somewhat old-fashioned belief in communicating "the wonderful world of nature" as an illusion and with as little filter as possible, is in itself enough to create the experience. And it appears to work.

Væsentlige principper i indretningen af akvariet har været variation, kadence, stemning, og så balancen mellem formidling af helhed kontra detaljer. "Vi formidler naturligvis til vis grad overgangene, som vi gør det med mangrovesumpen, men vi gør det diskret og ikke alle vores gæster vil opdage det ved første besøg, men vi kan godt lide, at der ligger en historie og nogle overvejelser bag," siger Jesper Horsted. Han understreger, at det gode samarbejde med arkitekterne i høj grad har handlet om en fælles forståelse for hvordan de fysiske rammer bærer den formidling, som akvariets folk forsøger at give en dramaturgi, samtidig med, at alt det tekniske skal løses. "Vi lægger stor vægt på at opnå en pulserende bevægelse – bløde skift mellem detaljerne og de store linjer i fortællingen – og det er netop denne arkitekturs styrke, at den på en naturlig måde underbygger den ambition. Da jeg så tegningerne første gang, tænkte jeg: Orv, flotte former, men her får vi da vist problemer med logistikken. Det viste sig at være lige tværtimod. Blandt bidragene til arkitektkonkurrencen viste 3XNs projekt sig at være det mest loyale over for rumprogrammet. Og det bliver man jo glad for, når man mener, at man har tænkt det godt igennem," tilføjer Jesper Horsted.

Key principles in the aquarium layout were variation, cadence, atmosphere obviously, and then the balance between conveying the whole versus the details. "Naturally, we convey the transitions to some extent, like with the mangrove swamp, but we do so discretely, and not everyone will notice on their first visit, but we like that there is a story and careful considerations behind it all," says Jesper Horsted. He emphasizes that the productive relations with the architects were essentially a question of a common understanding of how the physical setting underpins the educational value, which the aquarium designers seek to stage, while resolving all the technical issues. "We place great emphasis on achieving a pulsating progression—soft transitions between the details and the main lines in the narrative— the strength of this architecture being that it supports that ambition in a natural way. The first time I saw the drawings, I thought: 'Whoa, great design, but the logistics are going to be a headache.' But it proved to be quite the contrary. Among the entries in the architectural competition, 3XN's project proved the most loyal to the spatial brief. Which is obviously gratifying if you feel that the brief was well considered," adds Jesper Horsted.

For akvariets folk synes den æstetiske og oplevelsesmæssige interesse i at få illusionen til at virke, kun at styrkes af den professionelle ambition om at vise biodiversiteten og mangfoldigheden i den natur, det handler om. Den formmæssige afveksling, der er ved en oplevelsesrig arkitektur, lægger op til den helhed, som teaterillusionen kræver. Omvendt giver roen i den store form en god baggrund for at fokusere på detaljerne i formidlingen af sammenhænge. Bag alt det mystiske og dragende ved det blå univers, er der en videnskabelighed, som både muliggør oplevelsen og giver den mening: Som besøgende er man ikke tilskuer. Vi er selv en del af den natur, vi oplever. Det kan synes banalt, ligesom gestaltningen af det dragende som en hvirvelstrøm, der suger os ind i oplevelsen, kan forekomme. Men når det fungerer, bliver det banale til det indlysende.

De runde former, synlige samlinger, anvendelsen af glas og udsyn på uventede, men strategiske steder gør, at man inden døre ikke er i tvivl om, at man er i den bygning, man oplevede udefra. Alle rum, hver eneste niche, selv i restauranten og i kontorfløjen og måske lige med undtagelse af toiletterne og visse teknikrum, følger krumningerne i hvirvelstrømmen. Det er en arkitektonisk konsekvens, der muligvis kunne irritere en pragmatisk bygherre, men her har formen fundet noget at blive brugt til. "En gave til en arkitekt" kalder Kim Herforth Nielsen det at få lov at få en bygnings indhold og form til at hænge så tæt sammen.

For the aquarium staff, the aesthetic and experiential interest in getting the illusion to work appears only to be reinforced by the professional ambition to convey the biodiversity and diversity of the natural phenomena on show. The design variation afforded by the eventful architecture lends itself naturally to the all-around effect demanded by the theater illusion. Conversely, the calm of the large-scale design is a good backdrop for focusing on the details in conveying correlations. Behind all the mystery and attraction of the world of water, a scientific approach prevails to both facilitate the experience and invest it with meaning: the visitor is no spectator. We are part of the natural phenomena we experience. This might seem banal, as might this manifestation of the compelling force in the form of a whirlpool drawing us in, yet when it works as intended, the banal is transformed into the obvious ideal.

The round shapes, visible joints, the use of glass and vistas at unexpected but strategic points mean that indoors there is no doubt that we are now inside the building that we beheld from the outside. All the interiors, every single niche, even in the restaurant and office wing, perhaps only with the exception of the toilets and certain technical rooms, follow the curvatures of the whirlpool. In this architectural consistency, which might conceivably have annoyed a pragmatic client, design has found its functionality. "A gift for an architect" is what Kim Herforth Nielsen calls being given the opportunity to bring the content and form of a building into close alliance.

Akvariets lofter leder tankerne hen på barderne på en stor hval.

The ceilings of the aquarium are reminiscent of the baleens of a large whale.

6

DEN BLÅ PLANET OG LANDSKABET

NATIONAL AQUARIUM - THE BLUE PLANET AND THE LANDSCAPE

Om omgivelser og udendørsfaciliteter
About the surroundings and the outdoor facilities

KYSTLINJEN slår et lille slag, der trækker Den Blå Planet fri af strandengen og forstærker indtrykket af en genstand, der kunne have været i bevægelse for et øjeblik siden. Retningen er vanskelig at bestemme, uden hovedfacade i traditionel forstand, og udtryksmæssigt snarere tilbageholdende end anmassende, snurrer bygningen om sin egen akse. Det er det spektakulære ved den. Den virker ualmindeligt selvberoende.

Omgivelserne med Amager Strandpark, marina, erhvervsbyggeri, rensningsanlæg, rester af industrianlæg og rester af historiske bygninger, motorvejstilkørsler og det store lufthavnsareal, er så sammensat som ethvert overgangsområde i postmodernitetens blanding af by og land, forstad og infrastruktur, rekreativt og industrielt. Landskabsplanen for Den Blå Planet er endt med at være ret neddæmpet, og det giver den en samlende funktion midt i alt det divergerende. Beton, cortén-stål og marehalm, meget andet indeholder planen ikke.

Når vejret er godt vil de besøgende have glæde af Akvariets udendørsanlæg, der rummer et undervandsindkig til søløverne, en sø med fisk og skærmende beplantning, bådebro med tilhørende mulighed for forskellige aktiviteter, en legeplads og ved søen desuden et picnicområde. Uden for restauranten er der et udeserveringsområde,

THE COASTLINE shrinks back slightly, pulling National Aquarium - The Blue Planet free of the salt marsh, accentuating the impression of an object that might have been in motion but a moment ago. The orientation is difficult to determine without a main façade in the conventional sense, and in its style rather more reserved than imposing, while the building spins around its own axis. This is what makes it so spectacular, the impression of free-wheeling independence.

The environs provided by Amager Strandpark, the marina, commercial estates, the water treatment plant, the remains of industrial plants and vestiges of historic buildings, motorway slip roads and the large airport estate, are as complex as any transition zone in the post-modern blend of town and country, suburbia and infrastructure, recreation and industry. The landscaping design for National Aquarium - The Blue Planet ended up being fairly low-key, giving it a unifying function in the midst of all the divergence. Concrete, Corten steel and Lyme grass—the landscaping doesn't lay claim to a great deal more.

In fair weather, visitors will benefit from the aquarium's outdoor areas, which include an underwater view of the sea lions, a lake containing fish with screening greenery, a bathing bridge and associated activities, a playground by the lake as well as a picnic area.

der ligger så bekvemt, at der i sommerhalvåret, når vinden i højtryksvejr oftest er i øst, vil være en kølende brise fra havet, og i vinterhalvåret, når vinden er i vest, vil man kunne finde læ her.

"Hvalfisken", som den ligger dér på kanten af Øresund, har allerede tiltrukket de lokales kælenavne. En blæsende vinterdag med skumtoppe på bølgerne derude, og en lav sol, der fanger reflekser i bygningskroppen, har den en aura af drama over sig. Et moderne, industrielt drama, der har at gøre med dens high-tech skin og hemmelighedsfulde kurver, der skruer sig op af den flade strandeng. Som havde en kæmpehånd grebet et raffinaderis store beholdere og vredet dem ud af form. Men der kunne også være tale om et naturens ur-drama af blankvåde klippeformationer slebet regelmæssige, som runde sten, man finder på stranden. Den Blå Planet er tydeligvis skabt, men dens mystik bringer den i familie med store konkylier, stykker af drivgods revet ud af deres sammenhæng, stære i deres kongresser af "sort sol", mosekonebryg og andre fænomener, der synes hinsides det vante, det dagligdags.

Outside the restaurant, the outdoor dining area is so well situated that in the summer months, when the wind in high-pressure weather tends to blow from the east, it will receive cooling breezes from the sea, while in the winter months, when the westerly wind prevails, this will be a place of shelter.

"The Whale," lying there, on the outskirts of Øresund, has already attracted nicknames from the locals. On a blustery winter's day with foam on the waves, a low sun picking up reflections in the building shell, it takes on an aura of drama. A modern, industrial drama inspired by its high-tech skin and secretive curves, spiralling up from the flat salt marsh. As if a giant hand had snatched a refinery's large containers and twisted them out of shape. Alternatively, nature's own primeval drama of slick, wet cliff formations with their irregularities smoothed, like round beach pebbles. National Aquarium - The Blue Planet is clearly manmade, but its mystery makes it akin to great conches, flotsam and jetsam out of their context, massive murmurations of starlings, ground mist and other phenomena that seem unfamiliar, transcending everyday life.

Er bygningen lavet af vand eller luft? Hvirvlerne er, præcis som på de første skitser, nærmest blevet hængende i luften som en mægtig tidevandsbølge, der har ramt stranden, rejst sig og er stivnet, som har nogen frosset billedet i netop det rigtige sekund. Eller måske er det en bølge, der er ved at trække sig tilbage, et mægtigt sug, hvor man næsten kan høre småstenene bruse under den kraftige bevægelse. Vandet trækker sig tilbage og afslører hvalens enorme ryg, som den skyder op gennem overfladen, den blinker i solen, en prusten, en søjle af skinnende vand, og den er borte igen.

Man står blændet foran havet, der er sølvgråt som "planeten", der pludselig ligger dér i brændingen, hemmelighedsfuld og stille. Omkring én er der frisk luft og normalitet. Det er stadig bare det fredelige, velkendte Øresund, man har foran sig, og i horisonten ligger som sædvanlig Sverige, Øresundsbroen og Københavns Lufthavns lange startbaner. Men inde i hvirvlernes tryllekreds holder bygningens æteriske karakter én fast et sted mellem kunstværkets mystik og naturens.

Is the building made of water or air? Like in the initial sketches, the whirls are almost suspended in air, like a giant tidal wave that has crashed onto the beach, raised itself up and is now stilled, as if someone froze the image at just the right instant. Or maybe it is a wave, ebbing away, where the murmuring pebbles are almost audible during the powerful wave action. The water withdraws, revealing the huge back of the whale, as it breaks the surface, sparkles under the sun, snorting sounds, a column of glittering water, and it's gone.

We stand dazzled, beholding the sea, silvery-grey like "the planet," suddenly apparent in the breakers, secretive and silent. Fresh air and normality pervade. This is still just peaceful, homely Øresund ahead, and on the horizon, the familiar sight of Sweden, the Øresund Bridge and the long runways at Copenhagen Airport. But inside the spellbinding rings of the vortices, the building's aesthetic qualities hold us captive somewhere between the mysteries of art and nature.

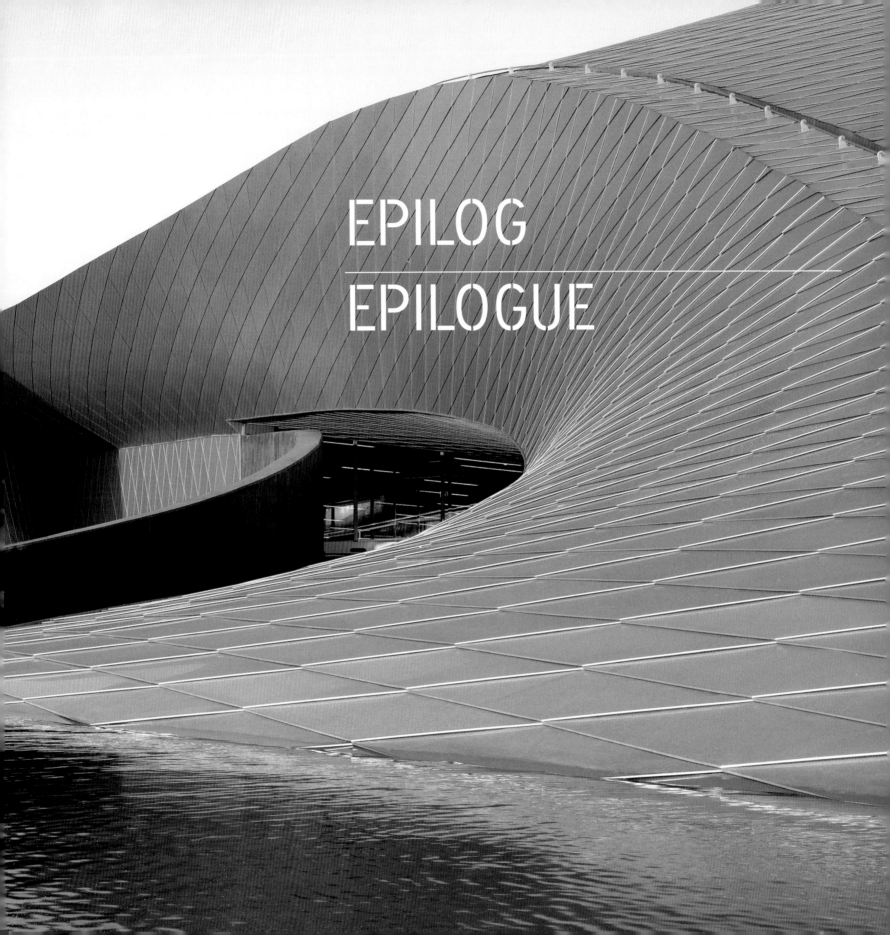

EPILOG
EPILOGUE

Fakta

Facts

Adresse Jacob Fortlingsvej 1
2770 Kastrup
Danmark

www.denblaaplanet.dk

Team

Bygherre	Bygningsfonden Den Blå Planet
Arkitekt og totalrådgiver	3XN A/S
Rådgiver, ingeniør	Moe & Brødsgaard A/S
Rådgiver, landskab	Henrik Jørgensen Landskab A/S
Rådgiver, udstilling	Kvorning Design & Kommunikation
Storentreprenører	MT Højgaard, Hoffmann A/S, Kai Andersen A/S, E. Pihl & Søn A/S, AAT Advanced Aquarium Technologies

Hovedbidragydere Realdania
Knud Højgaards Fond
Tårnby Kommune
Dronning Margrethes og Prins Henriks Fond

Projektdata Samlet budget: 700 mio. kr.
Bruttoareal 10.000 kvadratmeter plus udendørs areal på 2000 kvadratmeter.

Tidslinje 12. december 2007: Fem danske og et tysk arkitektfirma indbydes til konkurrence om at tegne det nye Danmarks Akvarium, som i byggeperioden er blevet døbt Den Blå Planet.
14. marts 2008: Arkitektfirmaerne afleverer deres forslag
28. april 2008: To projektteam er udvalgt til at gå videre i konkurrencen om at tegne Den Blå Planet.
27. juni 2008: 3XN offentliggøres som vinder af arkitektkonkurrencen
Juli 2008: Projekteringen af Den Blå Planet indledes
1. oktober 2010: Byggeriet begynder
September 2011: Fem store akrylruder på hver ca. 12 tons ankommer til byggepladsen fra producenten i USA og bliver løftet ind i Den Blå Planet.
9. december 2011: Rejsegilde (tagkonstruktionen er rejst)
Oktober 2012: Akvarieteknikerne afslutter deres arbejde
21. marts 2013: Hendes Majestæt Dronning Margrethe 2 indvier Den Blå Planet

Address	Jacob Fortlingsvej 1
	2770 Kastrup
	Denmark

www.denblaaplanet.dk

Team

Client	The Building Foundation "Den Blå Planet"
Architects and Projects Management	3XN A/S
Sub-consultants, engineering	Moe & Brødsgaard A/S
Sub-consultants, landscaping	Henrik Jørgensen Landskab A/S
Sub-consultants, exhibition design	Kvorning Design & Kommunikation
Principal contractors	MT Højgaard, Hoffmann A/S, Kai Andersen A/S, E. Pihl & Søn A/S, AAT Advanced Aquarium Technologies

Principal donors

Realdania
Knud Højgaards Fond
Tårnby Municipality
Dronning Margrethes & Prins Henriks Fond

Project data

Overall budget: DKK 700 million
Gross floorage 10,000 square meters plus grounds of 2,000 square meters

Timeline

12 December 2007: Five Danish and one German firm of architects are invited to submit design proposals for the design of Denmark's new national aquarium, which during the construction phase was named *Den Blå Planet* (The Blue Planet).

14 March 2008: The architectural firms submit their design proposals.

28 April 2008: Two project teams are selected to go through to the next phase of the design competition of the new aquarium.

27 June 2008: 3XN is announced as the winner of the design competition.

July 2008: Project planning of National Aquarium - The Blue Planet gets underway.

1 October 2010: Construction gets underway.

September 2011: Five huge acrylic panes, each weighing 12 tons, arrive at the construction site from the manufacturer in the US and are hoisted into the building.

9 December 2011: Topping out ceremony for completion of roof structure.

October 2012: Aquarium specialists complete their work.

21 March 2013: Official opening of National Aquarium - The Blue Planet by HM Queen Margrethe II of Denmark.

Epilog
by Jesper Horsted

Epilogue
by Jesper Horsted

Jesper Horsted er faglig direktør på Den Blå Planet. Han er uddannet biolog med speciale i marine økosystemer.

Jesper Horsted, Chief Operating Officer at The Blue Planet, is a trained biologist specializing in marine ecosystems.

FORUNDRING, fascination og glæde. Det er de tre ting, jeg glæder mig mest til at opleve hos de mennesker, som kommer og besøger Danmarks nye nationale akvarium - Den Blå Planet.

På Den Blå Planet formidler vi 71 procent af Jordens overflade med en gennemsnitsdybde på mellem tre og fire kilometer. Det er meget større end de 29 procent, som land-fladen udgør. Vand er det mest unikke stof, vi har på denne klode. Det er ikke fundet i flydende form nogen andre steder, og der er ingen organismer her på Jorden, der kunne overleve, hvis ikke der var vand. Det er en af de store dragende ting ved havet, som vi gerne vil formidle til vores besøgende.

Jeg tror på, at det er de positive oplevelser, som bedst baner vej for en større forståelse og interesse for den planet vi bor på. Vores fisk og havdyr er en slags ambassadører for deres vilde slægtninge. Og på samme måde fungerer bygningen, som ambassadør for den storslåede og fascinerende planet, vi lever på. En verden som de færreste af os har mulighed for at opleve det hele af. Derfor prøver vi på Den Blå Planet at genskabe små dele af den, således at de, som f.eks. aldrig kommer til Sydamerika alligevel får et indblik i, hvor rigt et dyreliv Amazonas har. På den måde kan vi øge interessen for de vilde dyr i naturen og forståelsen for den enorme betydning som havene, floderne og søerne har for os mennesker og for vores planet.

En hvirvelstrøm, en hval eller en bølge. Der er mange bud på, hvad vores nye hus ligner. Men fælles for alle disse associationer er deres relation til vand. Og det siger noget om det tætte samspil mellem arkitektur og akvarium, der er særligt ved Den Blå Planet

WONDERMENT, fascination and delight. These are the three reactions I most look forward to seeing in visitors to Denmark's new national aquarium – The Blue Planet.

At National Aquarium - The Blue Planet we showcase 71 percent of Earth's surface at an average depth of between three and four kilometers. This is a great deal more than the 29 percent of the surface that is land. Water is the most unique substance on our planet. It has not been found in its liquid state anywhere else, and no organisms on Earth could survive without water. This is one of the most compelling mysteries of our oceans that we want to share with our visitors.

I believe that positive experiences foster greater appreciation of and interest in the planet we inhabit. In a sense, our fish and marine mammals are ambassadors for their relatives in the wild. In much the same way, our building serves as an ambassador for the magnificent and fascinating planet we call home—a world which only a very few have the chance to explore in its entirety. And so, one of the aims of National Aquarium - The Blue Planet is to recreate various parts of the globe, so that those who may never visit South America, for instance, can still get an impression of the abundant fauna of the Amazon. This is our way of inspiring interest in animals in the wild, and awareness of the huge importance of seas, rivers and lakes for us as human beings, and for our planet.

Whirlpool, whale or wave: our building evokes many associations. But common to them all is their connection with water. And they reflect the close interaction between architecture and aquarium that makes National Aquarium - The Blue Planet so distinctive,

og som adskiller den fra andre akvarier verden over. Dette samspil følger med, når man kommer ind bygningen. Her veksler rummene mellem det grandiose og det intime og på den måde understøtter arkitektur og udstilling hinanden i at formidle en række forskelligartede miljøer og stemninger. Placeringen på kanten af Øresund giver os det bedste bagtæppe vi kunne ønske os. Og den frie udsigt over havet, som findes både i restauranten og fra den udendørs terrasse, fuldender den unikke oplevelse, som et besøg på Den Blå Planet, er.

and sets it apart from the world's other great aquariums. This interaction accompanies you into the building. The interiors range from grand to intimate settings, allowing the architecture and the exhibits to jointly convey an array of diverse environments and moods. Our location on the outskirts of Øresund give us the best imaginable backdrop, while the unobstructed sea view from both the restaurant and terrace round off the unique experience afforded by a visit to National Aquarium - The Blue Planet.

3XN

3XN BESTÅR AF ca. 75 medarbejdere fra godt 12 forskellige lande, som ledes af en partnerkreds bestående af kreativ direktør Kim Herforth Nielsen, adm. direktør Bo Boje Larsen, konkurrencechef Jan Ammundsen, samt direktør i GXN, Kasper Guldager Jørgensen. 3XN blev oprindeligt grundlagt som Nielsen, Nielsen og Nielsen i Århus i 1986, men har i dag til huse i København.

3XN's arkitektur er kendetegnet af en tilgang, hvor projektets kompleksitet og udfordringer ses som en positiv drivkraft til at skabe noget unikt for bygherre, de mennesker, der skal bruge bygningen og det sted, hvor bygningen skal ligge.

Bag denne tilgang ligger troen på, at arkitekturen i høj grad påvirker det liv, der leves i bygningerne og omkring bygningerne. Og fordi arkitektur genererer adfærd har arkitekturen ifølge 3XN et potentiale til at skabe bedre interaktion og større trivsel hos de mennesker, som skal bruge bygningen.

Forud for et projekt sker et omhyggeligt studie af området, de omkringliggende bygninger og bygningens funktioner. Tanken er, at en ny bygning altid bør tilføje nye og positive kvaliteter til stedet, hvor bygningens skal opføres og til det formål den skal have.

3XN's gennembrud kom med Retsbygningen i Holstebro (1992), der blev fulgt af en række vinderprojekter herunder Den danske ambassade i Berlin (1996) og Musikhuset i Amsterdam (1997), som også for alvor bragte tegnestuen ind på den internationale arkitekturscene. 3XN's fokus på adfærd kom til udtryk som åbne planløsninger med sociale arbejds- og opholdsmiljøer i det banebrydende Ørestad Gymnasium (2007), og i en række innovative firmadomiciler såsom

3XN IS STAFFED BY some 75 people from 12 different countries, headed up by a partnership made up of Creative Director Kim Herforth Nielsen, CEO Bo Boje Larsen, Competition Manager Jan Ammundsen and Manager of GXN, Kasper Guldager Jørgensen. The firm was originally founded as Nielsen, Nielsen & Nielsen in Aarhus in 1986, but is now based in Copenhagen.

3XN's architecture is characterized by an approach in which the complexity and challenges of the project are seen as a positive driver in creating something unique for the client, for the people who will be using the building, and for the environs in which it will be situated.

This approach is informed by the conviction that architecture to a great extent influences the life lived in the buildings and surrounding them. And because architecture generates behavior, according to 3XN, the architecture has the potential to foster better interaction and enhanced well-being among the building's occupants.

Ahead of any project, 3XN carries out a careful study of the area, the surrounding buildings and the functions of the projected building. The idea is that a new building should always impart new and positive attributes to the location in which it is to be built and to its intended purpose.

3XN's breakthrough dates back to Holstebro Courthouse (1992), which was followed by a series of winning projects, including the Danish Embassy in Berlin (1996) and the Music Hall in Amsterdam (1997), which also launched the practice on the international architectural scene. 3XN's focus on behavioral aspects was expressed as open-plan solutions

Saxo Bank, Middelfart Sparekasse og KPMG. Kulturbyggerier som Museum of Liverpool (2011), Kulturhuset Plassen i Molde (2012) og Den Blå Planet (2012), der alle er kendetegnet af et ukonventionelt formsprog, afspejler 3XN's forsøg på også at tænke den ydre form sammen med de aktiviteter, som skal foregå i bygningen.

I 2007 etablerede 3XN innovationsenheden GXN, der i 2012 blev et selvstændigt datterselskab. GXN arbejder med grøn innovation i arkitekturen ud fra erkendelsen af at arkitektur kan optimeres, så det bidrager positivt til miljøet. Ved aktivt at forske i mulighederne for integrering af nye materialer, teknologier og viden, kan bygninger gøres sundere, smukkere og mere funktionelle.

with social work and rest zones in the trail-blazing sixth-form college Ørestad Gymnasium (2007), and in a series of innovative corporate headquarters such as Saxo Bank, Middelfart Sparekasse and KPMG. Cultural buildings the likes of the Museum of Liverpool (2011), the Plassen cultural center in Molde, Norway (2012) and The Blue Planet (2012), all of which are characterized by the unconventionality of their design idiom, reflect 3XN's mission to ally the external design with the activities housed by the building.

In 2007, 3XN established GXN, an innovation division, which in 2012 became an independent subsidiary. GXN is committed to green innovation in architecture based on the principle that architecture can be optimized in such a way as to make a positive difference to the natural environment. By actively researching the options for integrating new materials, technologies and expertise, buildings can be made healthier, more attractive and more functional.

Om forfatteren

About the author

Christian Bundegaard er en dansk filosof og arkitekturkritiker.

Udover talrige arkitekturanmeldelse og essays, har han udgivet en række bøger om arkitektur og design. Han er i øjeblikket i gang med et PhD projekt ved Kunstakademiets Arkitektskole. Forskningsprojektet omhandler forholdet mellem den offentlige sfære og det offentlige rum. Hans seneste arbejde omfatter en bog om hovedkvarteret for det danske postvæsen, og en monografi om den danske arkitekt Dorte Mandrup (undervejs).

Christian Bundegaard is a Danish philosopher and architecture critic.

Beside numerous review articles and essays, he has published a number of books on architecture and design. He currently holds a PhD Scholarship at The Royal Danish Academy of Fine Arts, Schools of Architecture, with a research project on the relationship between the public sphere and public space. His most recent work includes a book on the headquarters of the Danish postal service, and a monograph on the Danish architect Dorte Mandrup (forthcoming).

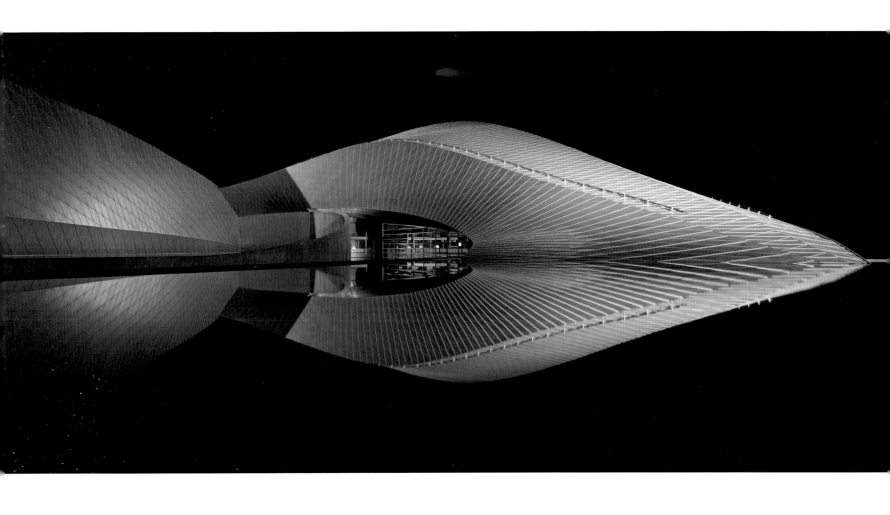

Denmark's National Aquarium - The Blue Planet

Tak!

Thank you!

Følgende medarbejdere i 3XN har haft en stor betydning for realiseringen af Den Blå Planet:

Kim Herforth Nielsen, Bo Boje Larsen, Jan Ammundsen, Torsten Wang, Ida S. Greisen, Stig Vesterager Gothelf, Simon Hartmann-Petersen, Ulrich Pohl, Pernille Uglvig Jessen, Martin Rejnholt Frederiksen, Noel Wibrand, Stine de Bang, Kasper Guldager Jørgensen, Robin Vind Christiansen, Martin Jonsbak Nielsen, Carsten Olsen, Hermannus Nijkamp, Ida Linea Danielsson, Thomas Lykke Nielsen, Andreas Herborg, Jesper Thøger Christiansen, Lasse Lind, Jeppe Kleinheinz og Mogens Bruun Jensen.

The following employees of 3XN have had a great importance for realization of National Aquarium - The Blue Planet:

Kim Herforth Nielsen, Bo Boje Larsen, Jan Ammundsen, Torsten Wang, Ida S. Greisen, Stig Vesterager Gothelf, Simon Hartmann-Petersen, Ulrich Pohl, Pernille Uglvig Jessen, Martin Rejnholt Frederiksen, Noel Wibrand, Stine de Bang, Kasper Guldager Jørgensen, Robin Vind Christiansen, Martin Jonsbak Nielsen, Carsten Olsen, Hermannus Nijkamp, Ida Linea Danielsson, Thomas Lykke Nielsen, Andreas Herborg, Jesper Thøger Christiansen, Lasse Lind, Jeppe Kleinheinz, and Mogens Bruun Jensen.

Book Credits

3XN Project coordination Didde Fuhr Pedersen

Photography and Illustrations
All Illustrations and drawings by 3XN
All photos by Adam Mørk, except:
Page 4, 116: National Aquarium - The Blue Planet.
Page 10: Realdania.
Page 12: 3XN.
Page 36: Heine Pedersen.
Page 37: Copyright Free.
Page 38: Aerodan Luftfotos A/S.
Page 84: cphcph.
Page 118, 119 top, 119 bottom: André Andersen.
Page 123: Jan Ammundsen

Photography Adam Mørk
www.adammork.dk

Book design Pablo Mandel
www.circularstudio.com

Published by ORO Editions
www.oroeditions.com

Denne bog er produceret og udgivet med støtte fra Realdania.

This book has been produced and published with the generous support of Realdania.